Berufliche Beziehungen gestalten mit ICH-KULTUR

Jutta Malzacher

Berufliche Beziehungen gestalten mit ICH-KULTUR

Tipps für Internes Networking

 Springer

Jutta Malzacher
ELANproject International Elegance
Heidelberg, Deutschland

ISBN 978-3-658-29974-3   ISBN 978-3-658-29975-0   (eBook)
https://doi.org/10.1007/978-3-658-29975-0

Die Deutsche Nationalbibliothek verzeichnet diese Publikation in der Deutschen Nationalbibliografie; detaillierte bibliografische Daten sind im Internet über http://dnb.d-nb.de abrufbar.

Planung/Lektorat: Isabella Hanser
Springer ist ein Imprint der eingetragenen Gesellschaft Springer Fachmedien Wiesbaden GmbH und ist ein Teil von Springer Nature.
Die Anschrift der Gesellschaft ist: Abraham-Lincoln-Str. 46, 65189 Wiesbaden, Germany

Für meine Kinder, Freunde und Kunden

Vorwort

Eine gelingende Karriere hängt neben der Wahl unserer Tätigkeit weitgehend von der Güte unserer beruflichen Beziehungen ab. In diesem Buch geht es um die holistische Sicht auf unsere beruflichen Beziehungen. Dabei geht der Blick hin zu mehr Menschlichkeit. Wenn immer mehr Menschen, vor allem im Berufsleben, nachweislich frustriert und rüde agieren, verlangen wir zu Recht mehr Herzensbildung. Hier geht es um Möglichkeiten, berufliche Beziehungen zu Inspiratoren statt zu Energieräubern zu machen.

Unsere innere Haltung hat Einfluss auf unsere Umgebung. Wir entscheiden, ob wir trotz Wettbewerb in beruflichen Situationen Neues, Fremdes, Andersartiges in unser Leben lassen. Auch Gewohnheitstiere können lernen, mit emotionalem Stress in Beziehungen umzugehen. Hierzu braucht es eine gute Selbstkenntnis und das unbedingte Interesse an gelingenden Beziehungen. Wir selbst können am meisten zu unserem glücklichen Leben beitragen. Unsere sich stetig entwickelnde ICH-KULTUR®, die Kultivierung des Selbst, ist dabei maßgeblich und grundlegend.

Unsere Laufbahn schlagen wir aus unterschiedlichen Gründen ein. Manche folgen einem sinnorientierten inneren Kompass. Andere verlassen sich bei ihrer Berufswahl auf Talente, die ihnen zu Schulzeiten gute Noten einbrachten. Andere schlagen zum Zeitpunkt ihres Schulabgangs den für sie bequemsten Weg ein. Noch andere folgen ihrer inneren spirituellen Stimme. Einige orientieren sich in erster Linie an finanziell reizvollen Aussichten. Häufig erklären mir Klienten, ihre berufliche Tätigkeit mache sie nicht glücklich. Freundschaftliche Beziehungen zu Kollegen hinderten sie jedoch, eine interessantere Tätigkeit anzustreben. Andere mögen ihre beruflichen Aufgaben, fühlen sich jedoch unwohl wegen der schlechten Beziehung zu

Chef oder Kollegen. Noch andere fühlen sich mit ihren Aufgaben alleine gelassen, leiden unter dem fehlenden Verständnis über die Sinnhaftigkeit ihrer Tätigkeit oder mangelnder Wertschätzung durch Vorgesetzte oder Kunden. Wie kommt es, dass sie nicht einfach ihre Sachen packen und sich etwas anderes suchen? Manchen fällt es sehr schwer, aus einer selbstauferlegten Sackgasse herauszukommen.

Eine bewusst entwickelte ICH-KULTUR® schützt unser Inneres selbstsicher gegen von außen einwirkende Zwänge. Innenschau, Selbstkenntnis und Selbstrespekt und Selbstkompetenz brauchen Zeit und Raum für ihre Entfaltung.

Wenn Menschen national oder global zusammenarbeiten, wirken unzählige Faktoren für den Kollaborationserfolg. Meine Erfahrung mit Klienten zeigt, dass das allgemeine berufliche Erfolgsgefühl eines Individuums auf herausragende Weise von dessen Beziehungen im Betrieb abhängt. In Zeiten der Digitalisierung richten Unternehmenslenker ihren Fokus auf das Mithalten mit technologischen Neuerungen. Transformation, NEW WORK und Agilität sind in aller Munde, während die Aufmerksamkeit auf individuelle menschliche Beziehungsbedürfnisse wenig Stellenwert genießt. Und dies, obwohl wir uns seit Anfang des Millenniums auch mit psychischem Gesundheitsschutz und „Gesundem Führen" befassen. Jeder Mensch hat Verantwortung für den eigenen körperlichen und psychischen Gesundheitsschutz. Seit 2013 ist Führungskräften in Deutschland gesetzlich verordnet, eine gesunde Arbeitsumgebung für sich und ihre Unterstellten zu sichern (Bundesministerium für Arbeit und Soziales 2020). Hierfür benötigt ein Leader gesteigertes Interesse an Mitarbeitern sowie die Bewusstheit über die eigene Persönlichkeit. Daher bringt die Kenntnis über die vier Facetten der ICH-KULTUR® Führungskräften eine verfeinerte Einsicht über deren Einfluss auf das Miteinander.

Menschen entwickeln Algorithmen. Es sind auch Menschen, die andere Menschen durch Algorithmen beeinflussen, manipulieren und steuern möchten. Wir Menschen entschließen uns dazu, Neuerungen abzulehnen oder Neues als geeignete Alternative zum Jetzt kennenlernen zu wollen. Hierzu braucht es Wille, Entschlusskraft, Durchhaltevermögen und vor allem Selbstkompetenz. In meinen Büchern und Artikeln erkläre ich, wie diese Eigenschaften einer interkulturellen, gesundheitsorientierten Mitarbeiterführung dienen. Wissenschaftlich fundierte Information verbunden mit naturorientierter Spiritualität aus multikultureller Sichtweise sind mir wichtig.

Die Frage, wie es in Zeiten hoher Komplexität gelingen kann, mit manipulativen Einflüssen und moralischer Verwerflichkeit umzugehen, sollte uns alle interessieren. Was man einst Herzensbildung nannte, ist in den letzten Dekaden zu kurz gekommen, drängt sich heute zunehmend auf.

Gleichzeitig zeigt sich eine neue gesellschaftliche Sehnsucht nach der Verbindung mit allem. Man besinnt sich der Heilkraft der Natur, probiert alternative Ernährungskonzepte aus. Die Erneuerung von Bildungsstrategien wird diskutiert. Handwerkliches soll zurück in die Curricula weiterführender Schulen. Experten beklagen die Vernachlässigung bekannter lernpsychologischer Erkenntnisse wegen der Überfokussierung auf Digitales.

Gleichzeitig zeigen junge Erwachsene heute eine Vorliebe für inhaltliches „quick and dirty", für „aufgeregt laut" statt „besonnen leise". *„I like* over *IQ"* ist ein amerikanischer Ausdruck für gewünschtes „Höher – Schneller – Weiter", ohne Sicht auf Konsequenzen. Distress ist die Folge. Jungen Erwachsenen in der Arbeitswelt wird empfohlen, sich zur Steigerung ihrer Attraktivität einen proaktiven Sprachstil zulegen. Selbstdarstellung mit dem Machtanspruch „Win over your counterpart".

Demgegenüber ist mir die Integration zielführender empathischer Kommunikation in unseren Arbeitsalltag schon immer ein Anliegen gewesen. In Zeiten der Digitalisierung gilt es, sich neue Technologien und gleichermaßen Menschliches aufmerksam zunutze zu machen, damit sich unser Stresspotenzial verringert. Agilität möchte in die Organisationen einziehen, doch kaum einer kennt das Erfolgsrezept für diese Entwicklungen. Daher beginnen wir bei uns selbst. Selbstkenntnis und Selbstausdruck sind wichtige Kompetenzen für eine erfüllende und gesunde Lebensführung.

Menschen möchten sich irgendwie ausdrücken. Ausdruck dient der Selbstentfaltung. Hierzu sind Beziehungen zu Mitmenschen bedeutungsvoll. Menschen drücken sich auf ihre ganz besondere Weise emotions- oder informationsbetont aus. Unser Ausdruck generiert Reaktionen durch Andere. Soziologie und Entwicklungspsychologie bieten Erklärungen. Ich halte es mit Oswald Schwemmer, Professor für Philosophische Anthropologie und Kulturphilosophie an der Humboldt-Universität zu Berlin. In „Das Zwischensein und das Neue" beschreibt er das Selbstsein als stetiges Wechselverhältnis zwischen der Welt des Eigenen und den Welten des Fremden (Schwemmer 2002). Hierfür benötigt es Expression. Um die organische Existenz des Menschen in seiner physischen Umwelt in Beziehung zu bringen, benötigen wir Sprache und non-verbalen Ausdruck als Kommunikation. Geist und Bewusstsein sind für Schwemmer nicht dasselbe. Den Geist sieht er als Interaktionsgeschehen zwischen Bewusstsein und kulturellen Symbolismen.

Als IPC® Consultant lebe ich meine innere Bildungsmissionarin mit Forscherdrang über holistische und multikulturelle Zusammenhänge. Beim Schreiben frage ich mich mitunter, wie es kommt, dass ich einen für mich wichtigen, eben entstandenen Gedanken noch nie so betrachtet hatte. Kann ich ihn mit gutem Gewissen in ein Buch schreiben, wenn ich ihn nicht „falsifiziert" habe? Der österreichisch-britische Philosoph, Karl Popper, schrieb in seinem Buch „Logik der Forschung" über das Problem der Falsifikation: „Wann immer wir nämlich glauben, die Lösung eines Problems gefunden zu haben, sollten wir unsere Lösung nicht verteidigen, sondern mit allen Mitteln versuchen, sie selbst umzustoßen" (Popper 2005). Unser Intellekt wächst durch Nachdenken statt durch Beweisführung und Bestätigung. Innere Kreativität steigert sich durch die Konfrontation mit Ungewohntem statt durch Nachweise oder kognitive Voreingenommenheit. Das Leben wird bunter, wenn wir den Pinselstrichen anderer auf unserem Weltbild Raum geben.

Meine Gedanken in Wort und Schrift entspringen dem Wunsch nach einem gelingenden Miteinander. Hierfür braucht es praktische Hilfen für die Allgemeinheit, geboren aus einer Integration sozio-psychologischen Wissens, neurobiologischen Gegebenheiten, Philosophie und individueller Spiritualität. Praktische Hilfen schließen die wohlmeinende menschliche Begleitung ein. Als IPC® Consultant sind wir Geburtshelfer für die jeweiligen ICH-KULTUR®-Erkenntnisse unserer Klienten, deren Problemlösestrategien sowie ihre entwicklungsimmanente Umsetzungsmotivation.

Ich schreibe Bücher für die substanzielle Dokumentation meiner Konzepte. Als Weiterbildnerin wünsche ich mir für meine Klienten ein fundamentales Verständnis des IPC® Consultings. Gleichzeitig archiviere ich als Autorin praktische Alltagshilfen für ein gelingendes „WIR" im verstehenden „ICH". Meine Bücher sind keine Handbücher im klassischen Sinne. Viele der hier genannten Konzepte und Empfehlungen geben meine Partner und ich als praxisorientierte Übungen in Seminaren und Coachings weiter.

IPC®-Consulting-Workshops und -Coachings gründen auf dem soziopsychologischen Konzept, ICH-KULTUR®, der lebenslangen Kultivierung des Selbst und Psychohygiene. Persönliche Konflikte oder interpersonelle Problematiken im Team, die Stärkung professioneller Führungskommunikation sind wiederkehrende Themen. Manche „Expats", ins Ausland Entsandte, erhalten vom Unternehmen ein umfassendes Integrationscoaching. Eine ganze Gruppe ausländischer Mitarbeiter wird für eine Weile mit Sprache und interkultureller Kommunikation begleitet. Kommt ein Klient mit seinen persönlichen Verlusten nicht zurecht, kann er privat an seiner mentalen Resilienz arbeiten. Immer hat seine ICH-KULTUR® mit den vier Hauptelementen (vgl. Kap. 4) Einfluss auf sein Verhalten und seine Entscheidungen.

Meine Bücher hierzu sollen Menschen in ihrem beruflichen und privaten Alltag unterstützen, glücklich, zufrieden und erfolgreich im Einklang mit den Naturgesetzen zu leben. Menschen werden auf ihre eigenen Stressoren aufmerksam und finden Lösungen. Wer unzufrieden mit seiner Berufswahl ist, erkennt, welche Elemente seiner ICH-KULTUR® er bisher möglicherweise vernachlässigte. Hat er überhöhte oder zu niedrige Erwartungen an sein Leben? Vielleicht erkennt er, dass er sich ein glückliches Leben wegen anderen Prioritäten nicht erlaubte. Auf der Suche nach Sinnerfüllung alte Gewohnheiten zurücklassen, könnte die Lösung sein.

Neben theoretischer Wissensvermittlung enthält auch dieses Buch wie die beiden vorangegangenen Teile eine fortlaufende Geschichte über zwei Protagonisten, Gert Simon und Mine mit Analysen.

„ICH-KULTUR® macht schön"

Das steht auf den Stickern zu meinen Büchern. „Wie möchte ich sein?" ist eine essenzielle Frage zur Selbstführung. Unsere Identität ist also eng mit dieser Frage verbunden. Wer zu sich steht, kann von innen heraus strahlen und die Umgebung damit positiv beeinflussen. Menschen mit Klarheit über ihre Identität als inhärenten Teil ihrer ICH-KULTUR® sind leichter zur Selbstliebe fähig. Neben den Einflüssen kollektiver Verhaltensvorbilder und der jeweiligen Sozialisationsumgebung entwickelt jeder Mensch seine ureigene und damit einzigartige ICH-KULTUR®, für die er ebenfalls auch alleinig verantwortlich ist.

Würden Sie, liebe Leser, gerne erkunden, wo Sie in Ihrer bisherigen ICH-KULTUR®-Entwicklung angekommen sind? Fehlt auch Ihnen das Quäntchen Gelassenheit, das von innen heraus schön macht? Ich behaupte, dass durch ein gesteigertes Identitätsbewusstsein aufgrund einer bewussten lebenslangen Entwicklung unserer ICH-KULTUR® und der Akzeptanz unserer Gene, Respekt für uns selbst und die Menschen in unserem jeweiligen System entsteht. Respekt ist, wie wir alle heute wahrnehmen, in der globalen Gesellschaft hier und da verloren gegangen. Die Bemühung für die Rettung des Planeten durch die „Fridays for Future" – Bewegung vernachlässigt für mich die nötige Ethik für den Umgang zwischen den Menschen. Um den Planeten zu retten bedarf es Offenheit, Ehrlichkeit und Zusammenspiel. Schadensbegrenzung geht nur miteinander. Dabei ist unsere Kommunikation häufig ausgrenzend statt integrierend. Wir lieben langwierige Analysen, statt zu handeln. Zweifellos bringen auch diese uns in unserem Denken weiter, jedoch brauchen wir dringend die pragmatische

Praxis einer umsetzungsstarken Selbstkenntnis mit gesundheitsorientierter Disziplin für das Lernen über evolutionsimmanente Erkenntnisse und einem gemeinsamen Ziel für ein friedliches Leben. Aus einer respektvollen Haltung gegenüber dem ganzen Leben, die sich auf der ganzen Welt – auch als eine Art von Spiritualität – in Form höflicher Gelassenheit gegenüber anderen zeigt, kann der Mensch andere durch sein inneres Strahlen mitreißen.

Zwischenmenschliche Kommunikation und gelingende Beziehungen sind der Schlüssel. Diese beleuchte ich in diesem Buch. Wie können wir in Bewusstheit Beziehungen gestalten, die uns beruflich und privat weiterbringen? Wenn Beziehungen wichtige Ressourcen in unserem Alltag darstellen, wie gelingt es uns, trotz des virtuellen Überangebots zum Beziehungsaufbau auf sozialen Medien mit Menschen aus Fleisch und Blut reiche und haltbare Beziehungen aufzubauen und sie in Gegenseitigkeit zu pflegen?

Dieser dritte Band der ICH-KULTUR®-Bücher widmet sich der Selbstkompetenz auf Basis der globalen Beziehungswelt inklusive der sich gesellschaftlich vordrängenden Wutthemen und der negativen Stimmung. Auch KI mit Robotern steigert das Interesse am wahrhaft Menschlichen.

Liebe Leser, Sie sind aufgerufen, Ihre ICH-KULTUR® zu überprüfen, damit Ihre Art der Beziehungsgestaltung auch in der virtuellen Welt mit Wesentlichem bedacht werde. Der Mensch kann Beziehungspflege und den Umgang mit negativen, zuweilen zerstörerischen Emotionen erlernen. Meine Bücher dieser Reihe richten sich nicht nur an frische Führungskräfte und ihre Coaches. Mit NEW WORK in modernen und agiler werdenden Zeiten der intensiven Digitalisierung kann jeder von dieser Lektüre profitieren. In meinem Artikel in „Chefsache Zukunft" zeigte ich, wie Erwachsenenbildung mit neuer humanistischer Ausrichtung gestaltbar ist (Malzacher 2019a).

Wie schon in den Vorgänger-Büchern „Mit ICH-KULTUR® zum privaten und beruflichen Erfolg" (Malzacher 2018) und „Mut in der Arbeitswelt durch ICH-KULTUR®" (Malzacher 2019a) erfahren Sie hier, wie die beiden Protagonisten, Gert Simon und Mine, mit Herausforderungen ihres Berufsalltags und damit ihres Lebens umgehen. Wieder lernen Sie einige Tools kennen, die sich mit umsetzungsstarkem Durchhaltevermögen nachweislich gut zum erfolgreichen Selbstmanagement eignen. Erneut erfahren Sie fundierte Fakten aus sozial-psychologischer Forschung sowie der Lern- und Entwicklungspsychologie. Ich wünsche Ihnen Einsichten für noch mehr Umsicht, Weitsicht und Nachsicht.

Jutta Malzacher

Literatur

Bundesministerium für Arbeit und Soziales Zugriff 27.01.2020 https://www.bmas. de/DE/Themen/Arbeitsschutz/Gesundheit-am-Arbeitsplatz/Psychische-Gesund-heit-Arbeitsplatz/psychische-gesundheit.html

Malzacher J (2018) Mit ICH-KULTUR zum privaten und beruflichen Erfolg. Springer Gaber, Wiesbaden

Malzacher J (2019a) Mut in der Arbeitswelt durch ICH-KULTUR. Springer Gabler, Wiesbaden

Malzacher J (2019b) Erwachsenenbildung 2030 – Menschen brauchen Menschen. In: Buchenau P (Hrsg) Chefsache Zukunft. Springer Gabler, Wiesbaden

Popper C (2005) Logik der Forschung, 11. Aufl. Mohr Siebeck, Tübingen (Vorwort)

Schwemmer O (2002). Das Zwischensein und das Neue: zur menschlichen Existenz-form zwischen Welteinbindung und Selbstgestaltung. J Psychol 10(1):63–87

Danksagung

Meine Kinder, Matthias und Carolin, sind mir eine nicht endende Inspirationsquelle. Als Herausforderer und liebevollen Querdenker schätzte ich meinen verstorbenen Sohn Michael besonders. Dankbar lebe ich die bunte Vielfalt meiner privaten und beruflichen Beziehungen. Die Arbeit mit Kunden und Klienten erlaubt mir einen tiefen Einblick in den Umgang von Menschen in „modernen" Organisationen mit anderen.

Während ich dieses Buch anfertigte, verließ uns mein hoch betagter Vater. Seine ICH-KULTUR® war mir Vorbild und Herausforderung zugleich. Ich achtete seine ruhige, würdevolle Natürlichkeit, sein unaufdringliches, erfolgreiches Unternehmertum und ihn als allseits hoch geschätzten geschäftlichen Gentleman sehr. In ungebrochener Beziehung zu meiner mannigfach schenkenden Mutter bildeten beide ein partnerschaftliches Team mit geklärten Zuständigkeiten. Teil einer vielschichtigen Familiengemeinschaft zu sein, lehrte mich Vieles.

Mein besonderer Dank gilt meinen Interviewpartnern, der Künstlerin und Geschichtenerzählerin Uschi Erlewein und dem Plakatkünstler Oliver O. Rednitz. Doro Kaiser, Ursula Kirchner, Peter Belgardt und Marina Marks sei herzlich gedankt für ihre vielfältige Unterstützung.

Inhaltsverzeichnis

Über die Autorin

Jutta Malzacher Als Verfechterin von *Diversity* und Unterzeichnerin der „Charta der Vielfalt" in Deutschland zählt Jutta Malzacher im Besonderen die Akzeptanz multikultureller Aspekte als maßgeblichen Bestandteil der ICH-KULTUR®.

Die Autorin lebt ihre persönliche ICH-KULTUR® konsequent. Aufgewachsen in einem gepflegten interkulturellen Umfeld, war sie schon sehr früh fasziniert von der Vielfalt anderskultureller Mitarbeiter und deren Sprachenakzente im elterlichen Unternehmerhaushalt. Enge Beziehungen mit ihrer nordamerikanischen Verwandtschaft, regelmäßige Geschäftskontakte in die USA und internationale Freundschaften empfindet sie als überaus bedeutend und bereichernd.

Die Kultivierung des Selbst für Mut, geistige Widerstandskraft und ein kosmopolitisch gelingendes Miteinander sind ihr eine Herzensangelegenheit. Passioniert arbeitet die Autorin seit über 30 Jahren in ihrem Institut ELAN *project* und seinen Zweigen für eine gelingende internationale Zusammenarbeit mit gegenseitiger Toleranz für die Werte und Individualität des anderen.

Sie ist überzeugt, dass die Erwachsenenbildung in Deutschland eine weitreichende Renaissance braucht. Die Digitalisierung, NEW WORK mit Agilem Führen und WOL-Bestrebungen geben dem Menschlichen auf hervorstechende Weise eine neue Bewusstheitschance.

Hierzu stellt die Autorin neue Ansätze vor, welche Organisationen als Potenzialträger für eine öffentliche breite Erwachsenenbildung in die Pflicht genommen werden sollten.

1

Leitgedanke

„Zwischen Hochmut und Demut steht ein Drittes: Mut, dem das Leben gehört." Theodor Fontane (Fontane 1885)

Meine Klientin, nennen wir sie Katja, arbeitete in wichtiger Position in einem großen Unternehmen. Eines Tages verlangte ihr Vorgesetzter von ihr, ein politisch rechtsgerichtetes Buch zu lesen und ihm darüber zu berichten. Der fragwürdige Inhalt und die eigenartige Aufgabe, die nichts mit ihrer beruflichen Tätigkeit zu tun hatte, ärgerte sie. Überdies entdeckte sie, dass ihr Privatleben vom Vorgesetzten ausgespäht wurde. Mutig erwiderte Katja die Vorstöße ihres Chefs mit gelassener Contenance und unmissverständlicher Kommunikation. Innerlich wuchs ihr Ärger. Erstaunt über ihre Reaktion gegenüber seinen Einschüchterungsversuchen, ärgerte sich der Vorgesetzte immer mehr und begann, ihr das Leben in der Organisation schwer zu machen. Beherzt stellte sich Katja der Herausforderung, bis sie erkennen musste, dass sie keinen Einfluss auf die Ethik ihres Vorgesetzten hatte. Während ihrer Exit-Phase benachrichtigte sie das oberste Management über die Praktiken des Vorgesetzten. Ihr „Whistleblowing" blieb ohne Wirkung. Sie stand zu sich. Ihre gefestigte ICH-KULTUR® mit klaren Werten, ihre mutige Menschlichkeit sowie zuversichtliches Durchhalten gaben ihr Halt. Ohne eine neue Arbeitsstelle verließ sie die toxische Umgebung. Ihr Arbeitszeugnis musste sie einklagen.

Professionelles Verhalten stützt sich auf Werte, die Werte der Organisation und die eigenen. Jede menschliche Interaktion wird beeinflusst durch Einzelne und die Gruppe, durch interpersonelle Beziehungen, Aufgaben, Zeit, Verhaltensstile und Kontext innerhalb einer Kultur. Kultur

© Springer Fachmedien Wiesbaden GmbH, ein Teil von Springer Nature 2020
J. Malzacher, *Berufliche Beziehungen gestalten mit ICH-KULTUR*,
https://doi.org/10.1007/978-3-658-29975-0_1

wird von Menschen gemacht, die miteinander interagieren und dabei eine zukünftige Interaktion bestimmen(Trompenaars und Hampden-Turner 2012). Traditionen werden zu Kultur, wenn man Verhaltensweisen über Generationen weitergibt. Sie beeinflusst Emotionen, Machtstreben, Entscheidungsverhalten, Überzeugungskraft.

Ethik, die stetige Warnung aus dem Hinterzimmer jeder Organisation, wirkt für mich heute gebeutelt durch den Verlust ihrer Lebendigkeit. Sicher, tot ist sie nicht, doch sie scheint verkommen zu einer Worthülse im Gewimmel sich immer lauter in den Vordergrund drängender Nachrichten. Menschen schauen anderen Menschen nicht mehr in die Augen oder dahinter. Es scheint ihnen schwer zu fallen, das wahre Gesicht eines Mitarbeiters zu erkennen. Der „Fall Claas Relotius" zeigt deutlich, wie unbedarft wir mit unseren Beziehungen zuweilen umgehen, weil unser Fokus auf hastige Oberflächlichkeit ausgerichtet zu sein scheint. Der Journalist hatte Unwahres und teilweise frei Erfundenes in exzellente Artikel verwoben. Spiegel-Chefredakteur Steffen Klusmann: „Wir haben uns von Claas Relotius zu sehr einseifen lassen. Im Umgang mit dem Kollegen waren wir intern so blauäugig wie wir das bei Recherchen nie akzeptieren würden. Wir sind ja eher dafür bekannt, dass wir im Zweifel nichts glauben, was man uns erzählt. Relotius haben wir so ziemlich alles geglaubt" (Klusmann 2018). Überführt als eine Art moderner Münchhausen, entpuppte sich Herr Relotius als ein äußerst heuchlerischer Mensch. Hatte die Zeitschrift „Der Spiegel" einen Kranken gefeiert oder sich intern bequem auf Lorbeeren ihres Mitarbeiters verlassen? Führte fehlendes Interesse am Faktencheck vonseiten der Verantwortlichen zu einem solchen Skandal?

Seit Donald Trump US-Präsident ist, ist das Statement „Fake News" gesellschaftsfähig geworden. Einflussreiche Menschen und Politiker verlernen erkennbar, ethisch zu handeln. Manipulative Schuldzuweisungen haben die Weltbühne fest im Griff. Manipulation geschieht nur dem, der sie zulässt. Daher sollten wir immer genau hinsehen. Am Flughafen Gatwick beeinflussen Unbekannte tagelang das friedvolle gesellschaftliche Geschehen, indem sie durch Drohnenflüge über dem Flugfeld den gesamten Flugverkehr lahmlegen. Immer mehr Aktivisten bedienen sich drastischer Maßnahmen, indem sie reibungslose Abläufe unseres Zusammenlebens gefährden. Unsere Tagesnachrichten sind bestimmt durch angstmachende Berichte, durch teils unnötige Wiederholungen ebenso unnötiger Analysen durch Journalisten, die in Endlosschleifen emotionale Grundstimmungen der Gesellschaft beäugen. Ihre subjektive Meinung landet dann beim breiten Publikum, welches sich daraus seinerseits eigene Ideen bastelt und in Form von Gerüchten als Wahrheit verkauft. Selbst in Fernsehsendungen mit noch so ehrgeizigem Faktencheck gelingt es Moderatoren zunehmend nicht, eingeladene Politgäste zu wirklich substanziellen Antworten zu bewegen.

Gibt es da draußen den selbstlosen Menschenfreund? Respektlos rempelnde Menschen stören das tägliche harmonische Miteinander auf der Straße, etwa beim Vollbepackt-Hinausgehen aus Kaufhäusern. Selbst besonders körperlich gefährdete Radfahrer bestehen ohne Weitblick rigoros auf ihr Wegerecht beim Abbiegen und bringen so leicht sich selbst in Gefahr. Rechtsradikale Anschläge häufen sich nicht nur in Deutschland. Jüdische Einrichtungen brauchen Polizeischutz. Positive Nachrichten über gütiges, wohlmeinendes Miteinander werden auf unseren staatlichen Fernsehsendern in Sendetermine am Nachmittag verbannt. Die „Primetime" ist gefüllt mit schlimmsten Geschehnissen, welche unsere globale Gesellschaft angeblich zu interessieren haben. Natürlich, es gibt die Sender, die Menschen von positiven Beispielen in der Welt, von informellen Vorbildern erzählen. Doch wie eigentlich überprüft ein Normalbürger seine Werte, wenn er nicht aus eigenem Interesse beschlossen hat, auf eine (Senioren-) Uni zu gehen, Lernsendungen zu hören oder einen Kurs in Philosophie oder Spiritualität zu belegen? Wo lernen wir als erwachsene Schulabgänger oder Ältere im Alltag den Umgang mit inneren und äußeren Konflikten? Wo lernen wir, genau hinzusehen, statt uns von instinktgetriebenen Interessen leiten zu lassen? Menschen lernen zuallererst von ihren Vorbildern, die sie im täglichen Miteinander finden.

Heute, in Zeiten der Digitalisierung, stellt sich menschliches Verhalten wie über tausende von Jahren hinweg immer noch als Zusammenspiel von körperlichen und seelischen Aktivitäten dar. Hierzu gehören auch Spiegelneuronen und Synapsen. Dabei ist die technologische Entwicklung unserer evolutionären Entwicklung weit voraus. Harald Lesch (2018) sagt: „Die Vielfalt menschengemachter Objekte übertrifft bereits heute die biologische Artenvielfalt."

Die Eckpfeiler guten gesellschaftlichen Miteinanders sind für mich Einsicht, Umsicht, Weitsicht, Zuversicht und Nachsicht. Menschliche Beziehungen sind so wichtig wie unser tägliches Brot. Wir inspirieren einander durch unsere Präsenz, zeigen einander Verhaltensalternativen, die ihrerseits von anderen überprüft werden. Unser menschliches Gehirn lässt sich leicht manipulieren. Das beste Rezept, Manipulationen durch andere zu widerstehen, ist eine gesunde Werteorientierung. Sie gibt unserem Inneren Halt. Algorithmen zu erkennen ist ungleich schwieriger. Gleichermaßen verhelfen wir möglicherweise durch unser Verhalten einem anderen Menschen zur Zuversicht. Zuversicht ermöglicht erst Rücksicht und Nachsicht.

Zuversicht entsteht nicht einfach aus dem Glauben an eine höhere Macht. Zuversicht manifestiert sich in Mut als inneres, aktives Geschehen. Aus tiefer Überzeugung entspringt diesem inneren Geschehen eine Art Beherztheit. Beide werden beeinflusst von unseren menschlichen Beziehungen. Mut ist mehr als reine Willenskraft, Volition genannt. Mut hat mit einer Verhaltensstrategie gegenüber der Umgebung zu tun. Ob wir es möchten oder nicht, unsere Entscheidungen unterliegen Umgebungs-faktoren wie den Licht- und Luftverhältnissen, Geräuschen, Farben und Bildern an der Wand unserer häuslichen Umgebung oder der unserer Organisation. Wir wissen, dass Stimmung, gut oder schlecht, ansteckend ist. Die Emotionalisierung der Gesellschaft inklusive der Politik scheint einer der Gründe zu sein, warum sich Gesellschaften nicht wohl fühlen und bestimmte Gruppen immer lauter und brutaler nach Gehör schreien. Zwischen Zufriedenheit in Zuversicht und Unzufriedenheit mit fehlender Rücksichtnahme existiert eine Imbalance. Wir beklagen uns über unkultiviertes Benehmen bestimmter Leute, tun aber nichts dagegen.

Unsere Gefühle können wir nicht abschalten, doch wir können sie steuern. Der eine hat sie gut im Griff, der andere weniger gut. Weil es kein „ICH" ohne ein „Wir" gibt und kein „Wir" ohne das „ICH", sollten wir die Einflussnehmenden in unseren beruflichen und privaten Systemen kennen und selbst „vorbildlich" agieren. Insofern lenkt das eingangs erwähnte Zitat Fontanes den Blick hinüber zur Rücksicht, um die es in diesem Buch auch geht.

Hier gehe ich der Frage nach, wie wir berufliche Beziehungen leben und gestalten. Kann man Beziehungsmanagement für den Job erlernen? „WOL" (Working Out Loud) zeigt, dass Beziehungen in der Arbeitswelt heute als wichtiger denn je gesehen werden. Ein Fortschritt wie ich finde, denn diese von John Stepper (Stepper 2015) propagierte Einsicht ist ganz und gar nicht neu. Wenn wir miteinander einen WOL–Austausch pflegen möchten, drängt sich die Frage auf, was Rücksicht eigentlich bedeutet. Geht sie ohne das „Wir"? Kann man überhaupt alleine mutig sein? Bezahlen wir einen Preis für mutige Rückschau oder weise Vorausschau in Beziehungen? Wie viel Beziehung braucht der Mensch und wie viel Einfluss haben Beziehungen auf Hochmut und Demut? Solche philosophischen Fragen lassen sich immer am besten im Diskurs beantworten. Seit einigen Jahren beschäftigen sich Sozialpsychologen mit „Networking" und dessen Aus-wirkung auf unseren geschäftlichen Erfolg. Gerade heute, wo digitale Systeme unsere Verhaltensweisen zu bestimmen scheinen und auf die Gestaltung unserer menschlichen Beziehungen Einfluss nehmen, sollte man sich fragen, wie viel Rücksicht und Nachsicht unsere Gesellschaft braucht.

Gehen wir daher gemeinsam auf die Suche nach einer Ethik der Einsicht, Umsicht, Weitsicht und rücksichtsvollen Nachsicht. Hier erfahren Sie, wie die beiden Protagonisten, Gert Simon und Mine, ihre, durch äußere Einflüsse angestoßenen, Krisen bewältigen, mutiger werden und Neues beginnen. Professionelle Wegbegleiter helfen ihnen mit Analytik und praktischen alltagstauglichen Verhaltenshilfen sowie Anregungen für ihren Umgang mit emotionalem Stress. Die sequenzierte Begleitung mit kontinuierlichem Hinterfragen ihrer ICH-KULTUR® unterstützt bei ihrer weiteren wirkungsvollen Entwicklung, dem Hineinwachsen in sich selbst. Man könnte es auch das Hinauswachsen aus eingefahrenen, dysfunktionalen Pfaden nennen. Sie finden Zugang zu ihrem Selbst, erkennen bislang verborgene Seiten an sich (Einsicht). Sie stehen fester auf ihrem momentanen Lebenspfad. Ihre beruflichen Entscheidungen treffen sie durch zunehmend ganzheitliche Sicht (Umsicht) mit einer Herz-Hirn-Balance der Selbstfürsorge ohne rein egoistische Ziele. Es gelingt ihnen immer besser, nach vorne zu schauen mit Nachsicht über ihre selbstempfundenen Unzulänglichkeiten. Sie erkennen, dass sie aus ihren Erfahrungen lernten (Rücksicht). „Kann der Mensch solche Einsichten nicht alleine erreichen?", mögen Sie sich fragen.

Menschen brauchen die Natur des Menschen als Anregung für die eigene Entwicklung. Dies eben nicht nur von Geburt an, sondern so lange sie leben. Wir können keine erwachsenen Kaspar Hausers werden, selbst wenn wir die Arbeit am Computer menschlichen Beziehungen vorziehen (Stangl 2019). Hospitalismus (Pflug 2012), wie durch die „Kaspar-Hauser-Geschichte" belegt, ist eine Deprivationsstörung (Störung durch Entbehrung), hervorgerufen durch einen Mangel an sozialen, sensorischen und emotionalen Reizen. Wir wissen seit langem, dass Menschen Zuwendung und Beziehungen zu anderen Menschen brauchen, um sich psychisch und physisch gesund entwickeln zu können. Während unseres Aufwachsens lernen wir mehr oder weniger intensiv, wie wichtig es ist, Rücksicht und Nachsicht zu üben. Wenn sich das japanische „Hikikomori"-Syndrom nun auch in Europa zeigt (Retzbach 2018), sollten wir besonders aufmerksam sein. Während sich in Japan beinahe 1 Mio. Menschen aus Überzeugung gegen den Kapitalismus von der Außenwelt abschotten und ihre Wohnungen kaum mehr verlassen, sind dies in Europa nach einer spanischen Studie hauptsächlich Menschen mit psychischen Problemen wie Depression und Angststörungen. Wer sich in soziale Isolation begibt, braucht umsichtige und weitsichtige Hilfe. Führungskräfte sind durch ihre Pflicht zum gesunden Führen zu jeder Zeit aufgerufen, mit ihren Mitarbeitern – besonders im Home Office – regelmäßig und aufmerksam in Kontakt zu sein.

Manchmal verhindert Rücksicht unsere Weitsicht und damit unsere Zuversicht im Hinblick auf Veränderung. Hätte meine Klientin Katja nicht aufgehört, rücksichtsvoll zu sein, hätte sie sich nicht so leicht aus den ideologischen Fesseln des Vorgesetzten lösen können. Wäre meine Klientin zu nachsichtig gewesen, hätte sie die Fehltritte ihres Chefs verziehen oder sich gar in seinen Bann ziehen lassen. Einzig klare Werte und ihre verantwortliche Selbstfürsorge veranlassten sie, das Unternehmen schließlich zu verlassen.

In meiner Arbeit widme ich mich der Klärung von Werten wie Rücksicht und Nachsicht in menschlichen Beziehungen. Wie sich menschliche Beziehungen durch die Kombination neuer Technologien vertiefen können ist ein faszinierendes Forschungsfeld. In Unternehmen kann gute Zusammenarbeit nur gelingen, wenn die unterschiedlichen Persönlichkeiten der Teamplayer sich auf die jeweilige ICH-KULTUR® ihrer Kollegen einlassen. Wer sich einlässt, wird über die Zeit auch verstehen, dass er den anderen nicht gänzlich erfassen kann, seine Vorstellungen nicht wirklich erkennen kann, es sei denn, dieser kommuniziert sie. Auf der Grundlage des Letzteren entsteht Wissen. Jeden Tag aufs Neue muss für Menschen, im Besonderen jedoch für Führungskräfte, dieses Wissen über den anderen oder die Unterstellten eingefordert und für Werte eingestanden werden, um Vertrauen zu ermöglichen. Demokratische Werte müssen immer wieder neu erkämpft werden. Hierzu treffen sich Entscheider in physischen Räumen in Übereinkunft zu einer Austauschkultur.

Kultur entsteht durch gemeinsam gelebte Werte im täglichen Miteinander. Meine langjährige Erfahrung in der Beratung von Organisationen und in Betrieben zeigt, dass Unternehmenskulturen so oder so entstehen, es fragt sich nur, inwieweit wir, als Angehörige dieser Kultur, sie durch gemeinsam getragene Vorstellungen beeinflussen möchten. Klare und nicht debattierbare Werte, welche als sogenannte Leitbilder in die Jahre gekommen zu sein scheinen und häufig zu Makulatur verkommen, müssen ebenfalls immer wieder neu in den Vordergrund rücken. Organisationskultur wird nicht einfach von einem CEO vorgegeben und gelebt. Mitarbeiter, die die ethischen Vorlieben ihres Chefs kennen, haben eine Beitragsverantwortung für eine positive Unternehmenskultur, indem sie diese in wohlwollender Beziehung miteinander leben.

Neue Technologien und digitale Kommunikation können uns dabei helfen, indem wir bewusst entscheiden, wie wir damit umgehen möchten. Hierzu gehört eine mutige, persönliche Positionierung. Das Internet und soziale Medien vernetzen uns alle, jedoch nur technisch. Physisch und menschlich sind wir nur mit wenigen Menschen wahrhaftig vernetzt und ziehen Nutzen aus diesen Kontakten. In einer Übergangsphase wie der momentanen, die es immer gibt, wenn sich neue Technologien etablieren, sind wir gefordert, unsere Kontakte bewusst zu pflegen. Statt sich pauschal mit Ängsten zu umgeben oder aber auf jeden neuen Zug aufzuspringen und jede Idee unachtsam zu twittern, zu posten oder zu teilen, in der Hoffnung, ein „Like" zu ernten, könnten wir uns fragen, welches persönliche Bedürfnis hier gestillt werden möchte.

Machen wir gar nicht mit bei Instant-Messaging-Diensten, besteht die Gefahr, dass uns beruflich wichtige Nachrichten nicht erreichen, weil unsere Geschäftspartner auf unseren „Eigensinn" keine Rücksicht nehmen. In der jetzigen Übergangsphase braucht es Geduld und Nachsicht mit Menschen, die sich nicht so leicht erwärmen können für neue Technologien. Es braucht viel Erklärungswille von Expertenseite und Lernwillen vonseiten der Nutzer. Gute Lernbeziehungen können Erkenntnisprozesse erleichtern und Motivation stärken. Die Furcht vor einer möglichen Übermacht durch humanoide Roboter führe ich auf Unwissen zurück. Selbst Roboter, die scheinbar Gefühle äußern, können dies nur tun, weil ihnen diese Äußerungen einprogrammiert wurden, phänomenologisches Bewusstsein (Sinnesempfindung aufgrund individueller Wahrnehmung) können sie nicht haben. Der Philosoph, Markus Gabriel, schreibt in seinem Buch „ICH ist nicht Gehirn", dass ein Roboter zwar die Farbe Blau erkenne und auch darüber reden könne, doch ein Blauerlebnis wie es Menschen empfinden, könne er nicht haben, weil ihm die „emotionale Feinkörnigkeit" fehle (Gabriel 2017). Langfristig werden Menschen ihr Kommunikationsverhalten zwar ändern, wenn kommunikationsunterstützende digitale Funktionen zur Verfügung stehen, doch Menschen bleiben Lebewesen mit enormer Komplexität. Keiner kann heute mit Bestimmtheit sagen, dass Menschen in Zukunft schlechter oder besser kommunizieren werden. Was jedoch bleibt ist die menschliche Sehnsucht nach Beziehung zu anderen Menschen. Ob sich durch den Einfluss digitaler Möglichkeiten menschliche Netzwerke anders gestalten, bleibt abzuwarten.

Wenn die Digitalisierung uns hilft, unentbehrliche industrielle Prozesse zu vereinfachen und effizient zu organisieren, wie viel gewonnene Zeit genehmigen wir uns für eine wertvolle Beziehung? Können wir Beziehungen schaffen in Bewusstheit und Wahrhaftigkeit? Entscheidungen impulsiv über soziale Medien kommunizieren zu können, verführt jeden Tag. Die in den Anfängen des Internets eingeführte Netiquette braucht eine Renaissance.

Mit impulsiven Tweets, die Intelligenz vermissen lassen, macht uns US-Präsident Donald Trump als Staatsoberhaupt vor, wie feige eine autoritäre Beziehungsgestaltung durch persönliche, von sozialen Medien ermöglichte Distanz sein kann. Mehr noch, Menschen nehmen heute schnelle Jobs an als sogenannte „Influencer", um über ihr Smartphone für irgendwelche Produkte online zu werben. Als Dankeschön für diese Tätigkeit bekommen sie manchmal das so beworbene Produkt geschenkt. Zugegeben, die Idee des „Blogvertising" ist interessant, hat sie doch als Empfehlungsmarketing beträchtliche Wirkung. Nur wenigen gereicht ein solcher Job zum finanziellen Erfolg. Fragen wir uns, wofür wir werben. So wie wir uns weigern, Kleidung zu kaufen, welche unter menschenverachtenden Arbeitsverhältnissen hergestellt wurde, sollten wir entscheiden, wofür wir uns stark machen.

„Wie möchte ich sein?" ist die fundamentale Frage der ICH-KULTUR®, die sich jeder Mensch eigenverantwortlich stellen kann. Stellt er sich einer Antwort, wird er zwangsläufig in sich gehen müssen. Diese Arbeit kann ein großes Vergnügen sein oder Schwerarbeit. Wie schön, wenn man sie gemeinsam mit einem Begleiter tun kann. Menschen brauchen Menschen, um lernen zu können. Die bekannte Geschichte über Kaspar Hauser zeigt eindrucksvoll, wie Menschen aufgrund von Mangel an Beziehung eine gravierende Entwicklungsbenachteiligung erfahren. Heute erleben wir durch den unkontrollierten Gebrauch der Smartphone-Technologien bei Jugendlichen Verhaltensprobleme bis hin zu psychischen Erkrankungen eben wegen des Mangels an physischem Kontakt mit anderen. Jean Twenge, anerkannte Professorin der San Diego State University, berichtet in ihrem Buch „iGen" über die Studie „Monitoring the Future". Als „iGen"-Generation, so das Ergebnis der Studie, fühlten sich heutige Jugendliche weniger glücklich, würden nicht genügend nachdenken und seien für das Erwachsensein total unvorbereitet. Wenn sie mehr als der Durchschnitt mit Smartphone und Bildschirm zubringen im Vergleich zu Jugendlichen, die viel Zeit mit Aktivitäten und ihren Freunden verbringen, fielen manche in Depression (Twenge 2017). Gefühle kommunizieren, Inspiration und Freude teilen, Leid erleichtern und Trauer bewältigen braucht Menschen.

Beziehung ist Mutualität, Gegenseitigkeit. Wie viel Umsicht und Rücksicht ist in beruflichen Beziehungen nötig, damit diese als gelingend erlebt werden. Inwiefern unterscheiden sich berufliche Beziehungen von privaten? Welchen sozialen Gewinn hat „Netzwerken"? Neuere Studien versuchen, dies aufzuzeigen. Erwachsenenbildung in Zeiten der Digitalisierung und die Idee, Unternehmen und andere Organisationen zu Lernstätten für die Allgemeinheit zu machen im Sinne des WOL, sollten uns interessieren. Dies mit dem entschiedenen Ziel, Menschen zum gemeinsamen, kritischen Nachdenken zu inspirieren, eine Geisteshaltung und den humanistischen Gedanken weiterzutragen, Menschen emotionale Balance zu ermöglichen und schließlich deren Beitrag für das Gelingen des Gesamten zu erreichen. Unentbehrlich sind hierzu die Klarheit über die eigene ICH-KULTUR® und die Offenheit zur Akzeptanz der persönlichen Kultur unserer Kollegen, Vorgesetzten und Teammitglieder. Durch ICH-KULTUR® können wir lernen, einen Schritt in Richtung Selbstkultivierung zu tun, bewusst zu leben und unsere Reaktionen auf Stressoren zu steuern.

Wie stark die Wirkweise der einzelnen Elemente der ICH-KULTUR® ist und welche außerordentlich bedeutende Auswirkung sie auf unser Verhalten in der Gemeinschaft hat, versteht man am besten, wenn man sich mit seiner eigenen ICH-KULTUR® befasst (vgl. Kap. 4).

1.1 Sprache – ein essenzielles Gestaltungsinstrument in Beziehungen

Wer sich mit Beziehungsgestaltung als Teil seiner ICH-KULTUR® befasst, darf anerkennen, dass es ein Gen gibt, welches uns Menschen als einzigem Säugetier die Modulation von Tönen und Spracherwerb ermöglicht. 1983 wurde in der Kebara-Höhle in Israel ein kleiner, 60.000 Jahre alter Knochen eines Neandertalers gefunden, das Zungenbein. Man nimmt daher an, dass schon Neandertaler zu Sprechlauten fähig waren. Die aus dem Knochenfund gewonnene DNA wurde sequenziert. Forscher vom Max-Planck-Institut für evolutionäre Anthropologie in Leipzig wiesen nach, dass Homo sapiens und Neandertaler identische Sprach-Gene besitzen (Krause et al. 2007). Das FOXP2-Gen (Forkhead-Box P2) wurde erst 1998 zufällig bei Untersuchungen an einer Familie in London entdeckt. Es steuert eine Vielzahl anderer Gene, welche neuronale Abläufe für die Sprachfähigkeit von Menschen im Gegensatz zu anderen Säugetieren ermöglichen (Vernes 2011).

Könnten wir ohne Sprache kommunizieren? Natürlich. Wir wissen, dass unsere non-verbale Kommunikation, also Mimik, Gestik, Kleidung, Körperhaltung und Stimme ganz besonders, einen nachhaltigen „Eindruck" hinterlassen. Dennoch haben die circa 6500 Sprachen auf dem Globus enorme Bedeutung für den Beziehungsaufbau, die Pflege und Auflösung menschlicher Beziehungen. Schon Kinder fasziniert Sprache, wenn diese Geheimsprachen entwickeln, um ihre spielerischen Interaktionen mit Spannung anzureichern (Christiansen und Kirby 2003). Sprache und andere Kommunikationsmedien machen menschliche Kreativität und Beziehungsfreude ganz besonders sichtbar. Daher habe ich für dieses Buch auch Interviews mit zwei Künstlern ausgewählt, die auf ihre ganz besondere

Weise Menschen aufzeigen, dass wir zu jeder Zeit in einer bewussten oder auch unbewussten Verbindung miteinander stehen. Die Digitalisierung und Computersprachen vernetzen Menschen automatisch. Wie wir mit den durch solche Kommunikation entstehenden Chancen und Risiken umgehen, bestimmen wir selbst.

1.2   Noam Chomsky über Menschen – und Computersprache

Noam Chomskys Lehre war in meinem Studium Pflichtlektüre. Der heute hochbetagte, höchst ausgezeichnete Professor für Linguistik sagt, Sprache begrenze unser Denken. Als Philosoph bemerkt er, Sprache sei einzig der Ausdruck unserer Gedanken. Demnach sollte, wer seine Gedanken unüberlegt ausspricht, auch die Konsequenzen tragen wollen, sagen wir IPC® Consultants. Worte können verbinden und trennen, ganz wie wir es wünschen. Interpersonal Culture Consultants® (IPC®) kümmern sich um die persönliche Kultur des Klienten, die ICH-KULTUR®. Sie reduziert sich nicht nur auf unsere landeskulturelle Herkunft, sondern ist ein hoch komplexes Konglomerat aus vier Elementen. Unsere ICH-KULTUR® entwickelt sich über unsere Lebenszeit aufgrund der Lernaufgaben unseres Gehirns, der sozio-kulturellen Einflüsse auf unserem Lebensweg, unserer Persönlichkeit (BIG FIVE) und unserer multiplen Intelligenzen. In Abschn. 4.2 erkläre ich diese Elemente genauer.

Die Weltpolitik lebe von der Anwendung einer bestimmten Sprache, sagt Noam Chomsky (Chomsky 2017). Für ihn ist Sprache die Basis von Kreativität und Freiheit. Dabei lebe die intellektuelle Debatte von Aufmerksamkeit, Fragen und dem Aufdecken von Lügen. Computer könnten nichts alleine und schon gar nicht sprechen. Wir Menschen befähigten sie dazu, durch eine aus unseren Gedanken stammende Theorie, so Chomsky.

Tatsächlich geben wir Menschen Computern und Algorithmen die Möglichkeit, Hassbotschaften und Hetze zu verbreiten. Wegen der hohen Dringlichkeit wollte das Bundeskriminalamt (BKA) im August 2019 zehn neue Referate mit 440 Stellen gegen die drastische Zunahme von Hasskriminalität einrichten.

Die Sozialpsychologie sieht Sprache als inhärenten Teil unseres menschlichen Verhaltens. In Lehre, Beratung, Betreuung und Coaching, in der Medizin, Sozial- und Psychotherapie erleben wir verbalisierte und non-verbale Kommunikation als omnipräsenten Aspekt eines unterstützenden Miteinanders. Was wir sagen breitet sich in rasender

Geschwindigkeit durch Schallwellen aus und ist für immer da draußen. Wir können es nicht mehr zurückholen. Unserer Sprache und dem Gesagten oder Nichtgesagten verdanken wir die Entstehung und Vertiefung von Konflikten und gleichzeitig gelingende Konfliktlösungen. Wir betrachten Sprache als unentbehrliches Instrument zur erfolgreichen privaten und beruflichen Zielerreichung. Sprache unterliegt generationenspezifischen Modeerscheinungen sowie technologischen Entwicklungsphasen und milieu-immanenten Konventionen.

Wer eine bestimmte Fachsprache benutzt oder nicht benutzt, wird heute leicht als hoch kompetent oder ungenügend kompetent abgestempelt. Hier ein Beispiel: Das Vorgespräch mit mir für die Begleitung eines Mitarbeiters in Kulturschock beendete ein hoher Manager einmal so: „Sie haben die richtigen Worte benutzt. Den Job haben Sie." Meine Verdutztheit verbarg ich. Das wirkliche Vorgespräch mit dem zukünftigen Klienten kam später; die Begleitung aus seinem Kulturschock ebenso. Die Worte des Managers klingen noch heute nach. Warum? Die Frage, was mich oder meine Kollegen neben dem Einsatz der „richtigen Worte", sprich Fachtermini, vertrauenswürdig macht, interessiert mich immer wieder neu, wenn es um berufliche Beziehungen geht. Es geht nicht allein um die Deckungsgleichheit von Erwartungen, nicht allein um die verbalisierte Sprache, nicht allein um non-verbale Signale, die beide Seiten aussenden, nicht allein um das akademische oder hierarchische Standing oder Sympathie und Antipathie. Gefühle erleichtern oder verhindern die gegenseitige Akzeptanz bei einer professionellen Begleitung. Es geht jedoch um viel mehr. Zunächst sind da unsere grundlegend innere Haltung und unsere Gefühle gegenüber dem anderen und der Situation, denn sie bestimmen den ersten, zweiten und dritten Eindruck. Wenn Sie sich innerlich sagen: „Ich habe ein gutes Gefühl bei dieser Auftragsvergabe, bei dieser Rekrutierung, bei dieser Kampagne", dann haben Sie sich sicher genügend mit dem Thema befasst. Gleichzeitig ließen Sie das limbische System in Ihrem Gehirn und Körper sprechen. Nach außen könnten Sie ebenfalls „Ich habe ein gutes Gefühl" sagen. Interessant, dass Menschen in unserer Leistungsgesellschaft lieber sagen: „Ich gebe Ihnen einen Vertrauensvorschuss", ohne zu erkennen, dass dies eine völlig unpassende Aussage ist. Hier stellt uns der der HALO-Effekt ein Bein. Die Sozialpsychologie bezeichnet den Heiligenschein-Effekt als Urteilsfehler aufgrund beeindruckender Merkmale des Betrachteten durch den Betrachter (Rosenzweig 2012).

Der oben beschriebene Manager hatte einen starken Leidensdruck durch ein für ihn undurchschaubares Verhalten seines Mitarbeiters. Der Mitarbeiter beteiligte sich nicht wie gewünscht am Austausch bei Abgleichgesprächen, arbeitete zurückgezogen ohne viel Sozialkontakt zu Kollegen. So sorgte sich der Manager um ihn und um die Auswirkung auf dessen „Performance". So schnell wie möglich wollte er seinen Leidensdruck loswerden. Dabei hoffte er auf Hilfe von außen. Aus Sicht eines Coaches wäre es für ihn als Systemmitglied gar nicht möglich gewesen, einen schon bestehenden Kulturschock zu lösen. Chefs tragen oft unbewusst zu diesem bei oder finden sich dort selbst wieder. Dennoch kann auch bei größter Fürsorge bei beiden Seiten ein Kulturschock auftreten, vor allem dann, wenn ringsherum nicht umsichtig und bedürfnisorientiert kommuniziert wird. Einen Kulturschock sehen wir als Anpassungsstörung. Kulturschock ist keine Krankheit, auch, wenn er in diversen Störungen sichtbar wird, wie zum Beispiel Schlafstörungen, erhöhtem Alkohol- oder Drogenkonsum, nicht enden wollenden Infekten, Verdauungsstörungen, Gewichtszunahme bis hin zu depressiven Episoden (Ward et al. 2005).

Systemisch betrachtet hatten im vorliegenden Fall Sprache und Kommunikationsstil dieses Vorgesetzten Einfluss auf den Kulturschock beider. Zusammen mit einem ungenügenden „Onboarding-Prozess", bei dem der Manager den Mitarbeiter gänzlich sich selbst überließ, gelang es wegen ihrer starken Hierarchieorientierung auf einander zuzugehen. Hierbei fühlen sich Menschen einer Autorität und dessen Status verpflichtet, statt zunächst ausschließlich den Menschen wahrzunehmen. Die dadurch entstehende Distanz benötigt mindestens von einer Seite einen Brückenbau, wenn der Betroffene mehr Nähe möchte. Häufig bleibt dieser Brückenbau einseitig und anstrengend. Der Vorgesetzte müsste sich die Frage gefallen lassen, ob ihm eine Beziehungsgestaltung mit Mitarbeitern eigentlich wichtig war. Dieser Manager hat den Ruf der absoluten Aufgabenorientierung, während er Beziehungsgestaltung nach Aussage des Teams nicht spürbar lebt. Darüber hinaus ist sein Kommunikationsstil vordringlich maskulin, was mindestens zweien seiner direkt Unterstellten nicht gut bekommt. Sie hingegen kommunizieren eher vorsichtig, umgänglich, kontext- und bindungsorientiert. Ihr Chef gibt zumeist nur direkt und schnörkellos Anweisungen mit wenig Beziehungsorientierung. Abb. 1.1 stellt dar, wie übergeordnete Ziele den Kommunikationsstil von Menschen beeinflussen. Wer femininen und maskulinen Stil in seine eigene Kommunikationsklaviatur integrieren kann, hat einen sogenannten „androgynen Stil". Dieser erlaubt uns, locker zwischen beiden Stilen zu wählen, je nachdem, was unser Gegenüber zu präferieren scheint. Diesen Skill kann man als Element der Kommunikationskompetenz erlernen. Wem sein Gegenüber zunächst als wenig sympathisch erscheint und wer diesen Menschen nicht meiden kann, könnte dessen Sprach- und

Die Macht der Sprachstile
Ziele linguistischer Stile. Feminine oder maskuline Kommunikation

Der individuelle Auftritt bringt den Kommunikationsstil , jedoch nicht das Herz und die Seele des Redners zu tage.
Achtsamer Umgang und Feedback empfehlen sich, bevor wir Personen wegen ihres Kommunikationsstils insgeheim (unfair) beurteilen.
Merke: Menschen sind sich ihrer Kommunikationsstile zunächst nicht bewusst. Das Herz des Sprechers ist immer dabei, doch kennen wir seine wahre Botschaft?
Ihre ICH-KULTUR® - Entwicklung eröffnet ein Fenster hierzu und gibt Hilfen für den Umgang mit der Herausforderung emotionaler Kommunikation.

Feminine (unbewusste) Ziele: Verbindung
Gleichheit, unterstützendes Zuhören, Reaktionsfreude, Unverbindlichkeit, Undeutlich vorsichtig, Harmonie, persönlicher Bezug, emotionsorientiert.

Maskuline(unbewusste) Ziele: Unabhängigkeit
Wettbewerb, Persönliches verschweigen, das Wichtigste kurz und knapp, Direktive, Deutlichkeit kurz und knapp, wenig reaktionsfreudig, sach- und aufgabenorientiert.

Abb. 1.1 Sprachstile

Kommunikationsstil analysieren. Hierfür finden sich in Abb. 1.1 Hinweise zum femininen oder maskulinen Kommunikationsstil.

Meine engen Beziehungen zu Familie, Freunden und Geschäftspartnern in den USA geben mir oft die Gelegenheit, über die Verhaltensauffälligkeiten des Donald Trump nachzudenken. Hier sei dessen stark maskuliner Stil zusammen mit den auffallenden und wirkungsstarken non-verbalen Signalen erwähnt, welche meist von fehlenden und unwahren Inhalten ablenken. Aussehen ist für ihn wichtiger als Substanz. Verbindung und Beziehung sind diesem Herrn offenkundig nicht wichtig. Dennoch spricht er bei seinen Treffen mit Vertretern anderer Nationen immer wieder über gute Gespräche und Beziehungen. Seine Definitionen für „gut" und „eng" scheinen sich, oberflächlich betrachtet, in simpler Flüchtigkeit zu erschöpfen. Bei tieferer Analyse ist erkennbar, dass dieser Präsident immer wieder ein eigenes Bedürfnis äußert, nämlich dazuzugehören. Dazu ergibt der unüberhörbare Schrei nach Aufmerksamkeit mit seinem zumeist wütend artikulierten Anspruch nach Abgrenzung ein Paradoxon. Die maßlose Überforderung seiner Persönlichkeit durch das Präsidentenamt zeigt sich in beinahe jedem Interview. Ein erpresserisches Telefongespräch mit dem ukrainischen Präsidenten, Volodymyr Zelensky, erklärte er für „perfekt", obwohl selbst seine feigen Anhänger im Senat zugaben, dass er damals ein „quid pro quo" (Gegenleistung) verlangte (CNN 2019). Sein Chief of Staff, Mick Mulvaney, der selbst auf der Abschussliste des Präsidenten stand, erklärte bei einer Pressekonferenz der amerikanischen Öffentlichkeit, eine Hand wasche schon immer die andere (CNN 2019). Ein Vertrauter mit den Vorgängen im Weißen Haus kommentierte das Durcheinander mit „We all get turned into a pretzel defending Trump. That's the sad reality"(CNN 2019). Wenn Werte aus den Angeln gehoben werden, leidet immer die Kommunikationsetikette.

Das Auftreten, die Verhaltenssprache des DT schöpfen nicht aus einem vielfältigen Fundus staatsmännischer Eleganz oder sportlicher Burschikosität, diplomatischer Finesse oder einfühlsamem Zuhören. Weil ihm diese zusammen mit einer aus der amerikanischen Verfassung kommenden Wertekongruenz fehlen, versucht er, eventuell unbewusst, seine heißblütige, hölzerne Rüpelhaftigkeit mit einer elegant erscheinenden Ehefrau zu übertünchen. Seine hohe Ambiguitätstoleranz erlaubt kaum Furcht vor Unsicherheit. Er springt los, wenn ihm ein Gedanke kommt und posaunt ihn impulsgesteuert hinaus. Maßlos missgünstiges Machtinteresse, offensichtlich geleitet aus einer patriarchalischen Autoritätseinstellung, zeigt sich bei jedem seiner Auftritte. Dabei scheint er seine professionelle Rolle als Präsident einer Supermacht nicht zu erkennen. Seine Tweets demonstrieren ein Totalversagen ethischer Werte. Sein Wertegebäude (Malzacher 2019) und das seiner lügenden Verteidiger sind nicht im Einklang mit der amerikanischen Verfassung. Solche Kulturvariablen, die sich als Denk – und Verhaltensstile zeigen, sind Elemente der ICH-KULTUR®. Sie erkläre ich in Abschn. 4.2. Wie wichtig der bewusste Umgang mit eigenen Kulturvariablen – hier dem Kommunikationsstil – ist, zeigen die weltweiten Reaktionen auf sein Verhalten. Indem Menschen ihre Individualität überhöht demonstrieren, ecken sie durch fehlende Anpassung an gesellschaftlich erwartetes Verhalten an. Donald Trump demonstriert einen übergroßen Willen zur Nichtanpassung und zu Allmachtbekundungen. Litte der US-Präsident an einer diagnostizierten „Narzisstischen Persönlichkeitsstörung", müsste man sich dringend fragen, warum er immer noch so viele US-Bürger hinter sich weiß. In diesem Falle empföhle sich die Erinnerung an das Milgram-Experiment (Milgram 1974). Stanley Milgram bewies, wie starker sozialer Druck durch Autoritäten auf eine In-group Menschen zu unmoralischen Aktionen bringen kann. Die sogenannte Kognitive Dissonanz führt bei Menschen in der In-group dazu, durch eine Einstellungsveränderung ihre Taten zu rechtfertigen.

Superioritätsanspruch versteckt sich auch bei Softwareentwicklern, die Mitarbeiter-Badges erstellen, die Stimmlage und Bewegungsprofile ihrer Träger analysieren. Andere Software soll Entscheidungsprofile für das Einstellen von Top-Performern analysieren oder Sprachanalysen beim Recruiting ermöglichen (Obmann und Koschlik 2019). Schon heute werden Kunden bei Hotlines befragt, ob sie Aufzeichnungen während ihrer Gespräche mit Serviceleuten zustimmen. Auch hier werden Tonfall und Wortwahl von Kunden und Mitarbeitern festgehalten und analysiert. Die allumfassende Frage ist nicht, ob, sondern inwieweit wir Algorithmen zu unseren Helfern machen sollten.

Gleichzeitig sei daran erinnert, dass das natürliche Bedürfnis eines Individuums, akzeptierter Teil einer Gemeinschaft zu sein, ein lebenswichtiger Bestandteil unserer Existenz in dieser Welt ist. Wir sind zu jeder Zeit ein und derselbe Mensch, im Privaten und im Geschäftlichen.

Literatur

Chomsky N (2017) Sprache ist nicht zum Kommunizieren gemacht. Interview von Martin Legros. Philosophie Magazin Nr. 3. https://philomag.de/sprache-ist-nicht-zum-kommunizieren-gemacht/. Zugegriffen: 17. Aug. 2019

Christiansen MH, Kirby S (Hrsg) (2003) Language evolution. Oxford University Press

CNN- Collins K, Bash D, Acosta J, Borger G, Mulvaney faced White House ouster threat before impeachment crisis took over, Oct. 20,2019

Fontane T (1885) Unterm Birnbaum. G. Grote'sche Verlagsbuchhandlung, Berlin

Gabriel M (2017) ICH ist nicht Gehirn. Ullstein, Berlin

Klusmann S (2018) http://www.spiegel.de/kultur/gesellschaft/fall-claas-relotius-der-spiegel-zieht-seine-lehren-a-1245228.html

Krause J et al (2007) The derived FOXP2 variant of modern humans was shared with Neandertals. Curr Biol 17(2007):1908–1912. https://doi.org/10.1016/j.cub.2007.10.008

Lesch H (2018) Mit Naturgesetzen kann man nicht verhandeln, Vortrag "Wie viele Erden braucht die Welt? Veränderung durch Wissen". erneuerbar – thüringen, Weimar 15/2/2018. https://www.youtube.com/watch?v=12AXaI5ucEA. Zugegriffen: 27. Sept. 2019

Malzacher J (2019) Mut in der Arbeitswelt durch ICH-KULTUR. Springer-Gabler, Wiesbaden

Milgram S (1974) Obidience to authority: an experimental view, NY

Obann C, Koschlik A (2019) „People Analytics" – So funktioniert digitale Mitarbeiterüberwachung, Handelsblatt. Zugegriffen: 3.3.2019

Pflug I (2012) Rätsel seiner und unserer Zeit: Das Kind Europas. WWW: http://www.br.de/franken/inhalt/frankenkult-ur/kaspar-hauser-lebensdaten100.html. Zugegriffen: 13. Febr. 2002

Retzbach J (2018) Das Hikikomori-Syndrom in Europa. https://www.spektrum.de/news/das-hikikomori-syndrom-in-europa/1568918. Zugegriffen: 14. Dez. 2019

Rosenzweig P (2012) Der Halo-Effekt: Wie Manager sich täuschen lassen. Gabal, Offenbach

Stangl W (2019) Stichwort: 'Kaspar-Hauser-Syndrom|Online Lexikon für Psychologie und Pädagogik'. Online Lexikon für Psychologie und Pädagogik

Stepper J (2015) Working out loud: for a better career and life. Stepper, New York

Trompenaars F, Hampden-Turner C (2012) Riding the waves of culture – Understanding diversity in global business. Nicholas Brealey Publishing, London

Twenge JM (2017) iGen, Atria Books by Simon & Schuster, New York

Vernes SC (2011) Was die Gene zur Sprache beitragen, Forschungsbericht 2011 – Max-Planck-Institut für Psycholinguistik. https://www.mpg.de/4674165/Gene_Sprache. Zugegriffen 17. Aug. 2019

Ward C, Bochner S, Furnham A (2005) Psychology of culture Shock, E - book, Imprint Routledge, London

2

Beziehungen – ein Gesundheitsfaktor

Hand aufs Herz, lieber Leser, für wie gut halten Sie Ihre Beziehungen? Gemeint sind alle Beziehungen mit Menschen, die eine Bedeutung in ihrem Leben haben. Pflegen Sie diese Beziehungen aktiv oder lassen Sie diese von anderen pflegen?

In diesem Buch geht es um berufliche Beziehungen. Wie gestalten Sie diese, damit Sie sich in Ihrem Arbeitsumfeld wohl fühlen, gerne zur Arbeit gehen und am Wochenende motiviert und froh gelaunt an den kommenden Montag denken? Die Forschung zeigt, dass pro-soziales Verhalten unser Wohlgefühl und unsere Vitalität verbessert, sogar ohne die direkte Anwesenheit einer begünstigten Kontaktperson (Martella und Ryan 2016). Weil wir viel Zeit mit unseren beruflichen Beziehungen verbringen, ist deren Qualität ein entscheidender Gesundheitsfaktor.

Hier erinnere ich mich an ein zwanzigköpfiges Team, welches sich wegen seiner vielfältigen persönlichen und fachlichen Meinungsverschiedenheiten permanent in Konflikten befand. Die neue Teamleitung fand sich nicht imstande, diese Gruppe davon zu überzeugen, dass sie als echtes Team stressfreier zusammenarbeiten könnte. Der IPC® Coach mit dem Blick von außen sollte es richten. Es ist bekannt, dass ein Coach *nichts* einfach richten kann und wird. Vielmehr sollte er zunächst für Bewusstheit sorgen, ein Ziel und Anliegen der Beteiligten formulieren lassen und danach entsprechende Teammaßnahmen entwerfen, diese besprechen und dann mit der Umsetzung loslegen. Als (weiblicher) Coach – „Coachin" als Bezeichnung mag ich nicht – übernahm ich die Aufgabe mit viel Analyseinteresse an den zugrunde liegenden Problematiken der Gruppenmitglieder

© Springer Fachmedien Wiesbaden GmbH, ein Teil von Springer Nature 2020
J. Malzacher, *Berufliche Beziehungen gestalten mit ICH-KULTUR,*
https://doi.org/10.1007/978-3-658-29975-0_2

sehr gerne. Wie erwartet, stellte sich schnell heraus, dass die professionellen Beziehungen von mannigfaltiger privater Unzufriedenheit der Angestellten negativ beeinflusst wurden. Wie bekommt eine Teamleitung so etwas in den Griff? Gar nicht. Es liegt in der Verantwortung der einzelnen Gruppenmitglieder, mit ihren privaten Angelegenheiten erfolgreich umzugehen und sich ihrer Verantwortung für das Gesamte am Arbeitsplatz bewusst zu sein. Die Leitung sollte nicht wie Mummy oder Daddy private Probleme von Angestellten lösen wollen. Sie muss jedoch Führung zeigen, Verantwortung für die Prozesse und den Gesundheitsschutz übernehmen. Daher hatte sie Recht, jemanden von außen ins Boot zu holen, um zunächst ihre eigenen Führungsqualitäten zu überprüfen. Nachdem sie daran gearbeitet hatte, zeigte sie mehr Gesicht, mehr Standing und wurde schließlich als Führungskraft ernst genommen. Sie lernte, professionell Feedback zu geben, konnte Kritik und Wünsche äußern und wurde damit in ihrem eigenen Sattel immer sicherer. Die Teammitglieder fanden langsam Vertrauen zu ihr. Eine verbesserte Kommunikation zusammen mit Veränderungen in der Arbeitsorganisation sowie regelmäßige Gruppengespräche waren das Ergebnis einer vereinbarten unregelmäßigen Begleitung über zwölf Monate. Danach konnte ich mich mit gutem Gefühl verabschieden. Wie Beziehungsqualität, Bindungswille und Beziehungspflege berufliche Beziehungen beeinflussen, lesen Sie in der weiterführenden Geschichte der beiden Protagonisten Gert Simon und Mine aus den ICH-KULTUR-Büchern I und II. Erfahren Sie, wie Psychologen Bindungswillen und Beziehungsqualität definieren und wie sich die räumliche Umgebung auf unsere psychische Gesundheit auswirkt – und damit auf unsere Beziehungen.

2.1 Mine in Beziehung

„Niemand ist da, der mich tröstet. Niemand nimmt mich in eine liebevolle Umarmung bei all dem Ärger und meiner Verzweiflung. Keiner kann meinen Verlust verstehen."

Mine setzt sich auf ihr Sofa, krümmt trotzig ihren Oberkörper nach vorne und legt ihr mürrisches Gesicht in ihre Hände.

Ihre Firma ist verkauft; angestellt ist sie nun mit eingeschränktem Stimmrecht. Roboter führen nun wichtige Herstellungsschritte für ihre medizinischen Geräte durch, messen und melden. Zwei Mitarbeiter sind weg. Der interessante Herr, den sie seit einiger Zeit kennt, entpuppte sich als harter Geschäftsmann. Sein Charme stellt sich für sie nun als ein Einfangmanöver dar, auf das sie hereingefallen war. Er war die Vorhut beim Einkaufsbummel der neuen Besitzer.

„Was bleibt?" Sie schüttelt den Kopf. „Welch armseliger Mensch bin ich. Das Familienunternehmen habe ich unter den Hammer gebracht." Ihr Herz schmerzt, wirr fliegen Gedankenfetzen durch ihren Kopf.

„Alles muss ich alleine stemmen!" Sie umarmt ihre angewinkelten Beine, steckt ihren Kopf auf die Knie. „Trauerspiel – immer alles alleine schaffen!" Minutenlang verharrt sie.

Plötzlich hebt sie ihr Gesicht, öffnet die Augen und schaut hinaus auf das Abendrot. „Stimmt das eigentlich? Ist wirklich keiner da, der mich tröstet?".

Sie steht auf und geht hinaus auf den Balkon. Vorsichtig streicht sie über die üppigen blauen Kugeln der prächtigen Hortensien. Daneben die cremefarbene Limelight. Sie lächelt. Diese Sorte liebt sie besonders.

„Was brauche ich?", flüstert sie. „Sorgfältige Pflege wie ihr? Einen besonderen Nährboden und gute Düngung?"

Ihr Blick geht hinüber zum Abendrot. „Gert Simon" murmelt sie. „Er ist da, einfach da.".

Gert Simon. Ihm ist sie nicht egal. Vor zwei Jahren traf sie ihn zufällig auf einer Parkbank. Er hatte damals gerade seinen Teamleiterposten verloren, war in einer depressiven Phase, ließ sich gehen, Motivation auf dem Nullpunkt. Sie hatte sich eben von ihrem Mann getrennt. An das Gespräch kann sie sich gut erinnern. Heute ist ihr Gert Simon ein zuverlässiger Begleiter geworden und sie ihm. Seine Umarmung ist leicht, flüchtig, geradezu vorsichtig. Zärtlichkeit spielt bei beiden keine Rolle. Ihr Inneres zeigt sie ihm kaum. Dennoch spürt sie sein Interesse an ihr und dem was sie sagt.

Da kommt ihr der Gedanke, dass er gerade so ein angenehmer Gefährte ist, weil er sie nicht bewertet, ihr nicht sagt, was sie an sich verbessern könnte. Weder maßregelt er sie, noch bedenkt er sie mit besonderen Komplimenten. Wenn sie sich treffen, fühlt sie nicht diesen anstrengenden Druck, gefallen zu wollen. Die Businessfrau braucht sie nicht darstellen. Sie kann einfach sie selbst sein in dem Augenblick, ungeschönt und natürlich. Konkurrenz ist ausgeschlossen.

„Ein Mensch." Mine atmet durch und lächelt. „Einfach ein Mensch." Im Liegestuhl schließt sie die Augen. Mehr als Menschsein braucht es nicht in ihrer Beziehung zu ihm. „Wir sind da – füreinander – ohne intellektuellen Anspruch." Hin und wieder treffen sie sich noch auf der Parkbank. Manchmal reichen fünfzehn Minuten, um gegenseitig zu erkennen wie es dem anderen geht. Für diese Begegnung nimmt sie sich bewusst Zeit. „Sein emotionaler Schmerzkasten bin ich nicht und er nicht meiner", denkt sie. „Wir tun uns gut, weil wir uns irgendwie wichtig sind. Wir respektieren uns. Ich würde ihn vermissen, wenn ich ihn nicht mehr treffen könnte."

2.2 Beziehungs- und Bindungsqualität im Berufsalltag

Soziale Wesen streben nach Beziehung und Verbindung mit anderen. Bindungen haben für Menschen eine überlebenswichtige Bedeutung; nicht nur in den ersten Lebensjahren. Jeder Mensch braucht andere Menschen aus Fleisch und Blut. Nicht zuletzt daher funktionieren soziale Netzwerke, egal ob virtuell oder physisch. Doch ein vorwiegend virtueller Kontakt macht noch keine wertvolle Beziehung. Die Zahl unserer virtuellen Followers erscheint nur dann wertvoll, wenn der Gefolgte auf Zahlen setzt statt auf Menschen. Wissenschaftler fanden heraus, dass Beziehungen mit Menschen sich im Laufe der Lebensphasen ändern. Es heißt, im jungen Erwachsenenalter, also bis Ende zwanzig, neigten die Menschen zu einem großen privaten Netzwerk und eher oberflächlichen Beziehungen. Mit fortschreitendem Alter nehme die Anzahl von Beziehungen ab. Gleichzeitig steige die aktive Bemühung um eine Beziehung, das Interesse an ihrer Qualität und die Investition in die Pflege von Beziehungen (Lang et al. 2013).

Wer Menschen schätzt und mit ihnen in Beziehung geht, mag sie mit oder trotz ihrer äußerlichen und innerlichen Eigenheiten. Bei einem Kurzworkshop im Altenpflegebereich antwortete eine Person auf meine Frage nach dem größten Stressor im Arbeitsalltag: „Menschen."

In der Tat ist es nicht leicht, mit Menschen umzugehen, ihre Eigenheiten zu akzeptieren und dennoch eine Bindung mit ihnen eingehen zu wollen. Wenn in Zeiten von NEW WORK und Agilität, von Burnout, Resilienzstreben und Hygge die Selbstmanagement-Kompetenz von Mitarbeitern und Führungskräften gleichermaßen in den Vordergrund rückt, sollten sich Menschen mit dem Menschsein befassen. Selbstfürsorge hat nicht mit oberflächlichem Stressmanagement zu tun. Selbstfürsorge bedeutet auch die Selbstregulation inklusive der Beziehungsregulation, denn wir arbeiten zumeist nun mal zusammen mit anderen Menschen. Selbst in virtuellen Berufssituationen sind wir mit Menschen in Beziehung, ob wir es wünschen oder nicht.

Hin und wieder sollten wir uns fragen, welche Bindung wir tatsächlich zu unseren Kollegen, Bekannten, Freunden und Familienmitgliedern möchten. Ergeht es uns so wie Mine, die eine feste Bindung mit ihrem Freund Gert Simon hat, er aber nicht wirklich ein Bestandteil ihres Alltags ist? Haben wir eine lockere, aber tiefe Bindung mit Freunden, die sich durch gute Gespräche, Verlässlichkeit und Zuversicht auszeichnet? Oder haben wir eine enge Bindung mit Kollegen, die wir ansonsten nicht mit unserem Lebensalltag behelligen? Wissenschaftler untersuchen das Bindungsverhalten von

Menschen seit langem. Die sozial-psychologische Forschung der letzten zehn Jahre befasst sich mit „Networking" im privaten und beruflichen Bereich. Dabei interessiert, ob sich das berufliche Networking-Verhalten und seine Definition auch auf die Gestaltung privater Beziehungen (Familie und Freunde) anwenden ließe. Kleinere Forschungsarbeiten konnten diesen Beweis noch nicht führen (von der Lippe und Rösler 2011).

Bushman und Holt-Lunstad (2009) berichten, dass oberflächliche oder unpersönliche Freundschaften wie auch emotional bedeutende von Probanden in ihrer subjektiven Wichtigkeit gleichsam gewichtet würden. Sie unterscheiden vier Typen von Beziehungen:

- unterstützend
- ambivalent, emotional aufwühlend
- indifferent, bedeutungslos
- aversiv

Mines Bindung mit Gert Simon könnte man als *unterstützend* beschreiben. Beide schätzen die Beziehung zum anderen, weil sie sich auf die emotionale Sicherheit verlassen können, die ihre Treffen bestimmt. Erwartungslos, gelassen und nicht wertend gehen sie aufeinander zu, interessiert, wie es dem anderen geht.

Ihren Mann verließ Mine aufgrund beidseitiger *aversiver* Beziehungsgestaltung. Immer abgeneigter wurde sie ihm gegenüber aufgrund von Reizen, die er für sie aussandte. Allerdings waren diese Reize unter anderem auch konditionierte alte Themen, die er in Mine unbewusst bediente. Seine unbedachten Kommentare, wie zum Beispiel: „*Du* kannst dies nicht beurteilen!" oder „Das ist doch nicht dein Kompetenzfeld!", triggerten ihr niedriges Selbstwertgefühl. Gelassen darüber stehen konnte Mine nicht. So gelang es ihr nicht, ihn auf seine impulsiven, gedankenlosen Kommentare mit dem Wunsch nach einer Verhaltensänderung seinerseits hinzuweisen. Sie fühlte sich als Opfer.

Emotional *aufwühlend und ambivalent* zugleich ist Mines Beziehung zum interessanten Herrn. Sein ungewöhnliches Verhalten findet sie anregend. Seine höfliche, vorsichtige Art reizt sie, gefällt ihr. Gleichzeitig fürchtet sie sich davor, herausfordernde Fragen zu stellen. Da spielen ihr ihre ungeübte, verkrampfte Art beim Umgang mit neuen Bekannten und ihr niedriger Selbstwert einen Streich. Unsicher, garstig und gleichzeitig interessiert trifft sie immer wieder zufällig mit dem interessanten Herrn zusammen.

Indifferent ist Mines Beziehung zu den Freunden. Ihr fehlendes Interesse an ihnen gründet auf einer für sie emotional unerträglichen

Oberflächlichkeit des Geistes und dem Verhaltens der Freunde. Schon vor ihrer Trennung war sie im Rückzug. Dinner-Partys für den Freundeskreis waren nur artige Symbole der Gegenleistung für die zahlreichen Einladungen der Freunde ihres Mannes. Ihre Freundinnen liebten Gesprächsthemen, bei denen sie als kinderlose Ehefrau und Unternehmerin nicht mitreden konnte. So investierte sie immer weniger in die Beziehungspflege mit ihnen.

Wenn wir in emotionalem Stress sind, braucht es Menschen, denen wir unser Herz ausschütten können. Von ihnen erhalten wir das große Geschenk der unmittelbaren Erleichterung. Ein weniger beschwertes Herz kann die Verbindung zum Verstand leichter schaffen, der Körper kann sich entspannen.

Wenn wir wertschätzende Freunde haben, können wir uns glücklich schätzen. Kollegen, die wir nicht als einen emotionalen Abfallhaufen benutzen, indem wir sie mit unseren Klagen und Anschuldigungen bezüglich der Missstände in der Organisation immer wieder belasten, fällt es leichter, uns zu achten und zu schätzen.

Aus der Begegnung mit Menschen können wir viel über uns lernen. Martin Buber sagte: „Es gibt kein du-loses ICH und kein ich-loses DU. Alles wirkliche Leben ist Begegnung" (Buber 1957). Der Mensch wird am Du zum Ich. Eine substanzielle Gegenseitigkeit in Beziehungen lebt für mich durch ein balanciertes Schwingen zwischen Nähe und Distanz.

Sorgfalt spielt in der Beziehungspflege eine äußerst wichtige Rolle. Sie erfordert Klarheit, Zeit und Mut. Wer seine ICH-KULTUR® bewusst entwickelt, wird achtsam zu sich selbst, wird erkennen, dass seine Präsenz in einem System auf andere wirkt. Er wird erkennen, dass Mutualität, die Gegenseitigkeit, dieses Geben und Nehmen Respekt und Disziplin erfordert; Respekt vor sich selbst und gegenüber anderen. So kann ein werteorientierter Selbstwert steigen. Langsam werden wir zu der Perle, die wir tief in uns suchen.

2.3   Gert Simons Mut

Gert Simon steht am Fenster und blickt in die Ferne. Katze Lena springt auf das Fensterbrett.

„Nordosten", erinnert er sich. Seit dem Kurs zum „Inneren Kompass" denkt er nun öfter über sich und seine Bestimmung nach. Nordosten steht im Medicine Wheel für Integrität und Vitalität. Über beides hat er sich früher nie wirklich Gedanken gemacht. Sein Leben war dahingeplätschert ohne besondere Höhen

und Tiefen. Er könnte nicht sagen, ob er damals glücklich war. Dann kam der Tag, an dem man ihm im Mitarbeiterjahresgespräch seine Kündigung als Teamleiter überreichte. Umgeworfen hatte ihn dies. Als wäre es gestern gewesen, sieht er sich auf der Couch im Chefbüro liegen. Die Sekretärin brachte ein Glas Wasser. Später kamen Wut und Trauer, dann der totale Zusammenbruch.

Er schüttelt den Kopf. „Schluss mit diesen alten Geschichten!", befiehlt er sich. Schnell nimmt er Katze Lena auf den Arm und trägt sie hinüber zum Katzenturm. Auf dem Xylophon aus Rosenholz klimpert er Bruchstücke aus „La-La-Land". Musikmachen, Bewegung nach Musik statt Musikhören hätte noch bessere Effekte auf die Stimmung, hatte Mine ihm mal erzählt. Musizieren beeinflusste das kardiovaskuläre System nachhaltig. Herr Yilmaz, sein Nachbar, hatte kürzlich erwähnt, ihm gefielen die Töne. Auch Katze Lena streicht genüsslich um seine Beine, wenn er spielt.

Das jüngste Treffen mit Mine. „Ich freue mich so, dass es dir gut geht", hatte sie lächelnd gesagt. „Ja", sagt er stimmlos vor sich hin. „Es geht mir wieder ziemlich gut." Mine hat noch immer großen Anteil an seiner Wandlung. Freundlichkeit und Mut schätzt er durch sie immer mehr. Er findet, er braucht mehr davon. Noch immer bringen seine treuen Schachfreunde Kurzweil in sein Leben. Der Barkeeper im Irish Pub zeigt ihm ein fröhliches „Thumbs up", wenn er dort zur Livemusik mit den Beinen wippt. Katze Lena mag er nicht missen. Ihre launenhafte Unabhängigkeit hat ihn noch nie gestört. Regelmäßig schreibt er mit Kamal, dem früheren Teamkollegen. Die Reise nach Chennai war eine ganz besondere Inspiration. Von Kamal lernt er immer wieder, sein eigenes Leben zu würdigen. Herr Yilmaz und seine Frau, die Nachbarn unter ihm, findet er lieb und hilfsbereit. Die Kehrwoche macht er für sie mit. „Sie einladen?", fragt er vor sich hin und schlägt dreimal fest auf die Holzstäbe seines Xylophons. Seine Stirn runzelt sich. Und Mine? Sie war noch nie hier. Er überlegt. Wird sie seiner Einladung folgen? Sie, die erfolgreiche Businessfrau mit unverwechselbarem Stil? Zu ihm, in seine einfache kleine Wohnung? Er kann ihr nicht viel bieten. Nein, hindern würde sie dies nicht, doch möchte er ihr sein Zuhause überhaupt zeigen? Die Mallets landen vorsichtig auf dem Instrument. Er fährt mit den Händen durch seinen Haarschopf, dreht sich um und geht zum Fenster. Sein Blick geht in die Ferne. Möchte er sich verstecken? Sich zeigen hatte er von dem immer lächelnden Kamal gelernt und dessen seltsamen Kopfbewegungen. In Indien erkannte er, dass er wegen der ungewohnten Verhaltensweisen Kamals plötzlich sich selbst mehr beobachtete. Er erkannte seine Unsicherheit im angepassten Benehmen. Als Kamal damals für die indische Firma nach Deutschland entsandt wurde, hatte er viel Stress wegen seiner Anpassungsbemühungen. Vielleicht wurde Kamal damals wegen seines gestressten Verhaltens gekündigt. Und er, Gert Simon, als sein Teamleiter hatte der Kündigung nie widersprochen. Er hatte sich nicht vor Kamal gestellt. Er hatte keine Verantwortung übernommen. Anpassung konnte er damals aus dem Effeff, indem er sich zumeist unauffällig im Hintergrund hielt. Versteckt hatte er sich. Wieder greift er in seinen Haarschopf, schüttelt den Kopf. Wie konnte er sich damals nur so lasch und unverbindlich benehmen? Hatte er damals daher auch seine Kündigung erhalten? Erst auf seiner Indienreise erkannte er, wie seine Kommunikationssignale wirkten. Er merkte, dass er dort manchmal missverstanden wurde. Gleichzeitig lernte er so, sich zu zeigen, wie er war. Er erinnert sich, wie gut er sich fühlte, als er zurück nach Deutschland kam, sicherer und offener. Warum also zögert er nun, Mine einzuladen? Gerade Mine, die ihm so viel bedeutet. Er geht hinüber zur Küche, holt ein paar Flaschen Bier aus dem Kühlschrank. Gleich kommen die beiden Schachspieler, sie bringen Börek Yufka mit.

2.4   Menschen in der räumlichen Umgebung

Gert Simon fühlt sich lebendiger, zart regt sich sein Gewissen. Er denkt nicht mehr nur an sich und sein Unglück. Vorsichtig schaut sein Inneres seit einiger Zeit aus dem Schneckenhaus des Selbstmitleids. Menschen beginnen, ihn zu interessieren.

Integrität und Vitalität sind unabdingbar mit den Menschen in unserem Umfeld verbunden und somit Folgen biologischer und soziopsychologischer Fakten. Wären wir keine sozialen Wesen mit Herz und Hirn, würden wir uns über Integrität schlechthin nicht sorgen. Wir hätten keine Ideale und würden nicht überlegen, wie wir unsere Werte gegenüber anderen verteidigen können. Wir wären geistig und seelisch leblos. Wer Menschen um sich hat und diese schätzt, egal aus welchem Grund, hat Glück. Wer in einer grundsätzlich unfreundlichen Umgebung wohnt, mit häufigen Stressfaktoren, hat ein höheres Risiko krank zu werden. Je bewusster wir mit unseren individuellen Stressoren umgehen, desto mehr tragen wir zu unserer Vitalität und Gesundheit bei. Hierzu braucht es jedoch ein Gefühl der Integrität über unsere Identität.

In 2015 veröffentlichten Mijung Park et al. eine wissenschaftliche Studie des NESDA, „The Netherlands Study of Depression and Anxiety" (Park Park et al. 2015). Diese untersuchte den Einfluss von Nachbarschaft auf die Gesundheit von 2981 gesunden und fließend holländisch sprechenden Probanden im Alter von 18 bis 65 Jahren über mehrere Jahre. Im Ergebnis nimmt man an, dass demografische, sozioökonomische sowie umgebungsspezifische und klinische Faktoren der Grund sind für die Länge der Telomere (TL).Lange Leukozyten – Telomere sind Biomarker für die Zellalterung und ein Indikator für biologischen Stress. Kurze TL werden mit Sterblichkeit, Depression, Angststörungen und Krebserkrankungen in Verbindung gebracht. Wer also eine positive subjektive Bewertung der Lebensumgebung, z. B. Gemeinde und Nachbarn inklusive der Qualität der Wohnumgebung und des Lebensstils vornehmen kann, könnte demnach – trotz mancher Limitationen der Studie – davon ausgehen, dass seine Zellalterung langsamer fortschreitet.

Unsere Gestimmtheit im Raum spielt damit eine wesentliche Rolle für unser Wohlbefinden. Wer einen kalt anmutenden Raum betritt, kann ihn aufwärmen. Wenn unser bewusstes ICH den Raum einnimmt und ihn mit seiner Stimmungsenergie füllt, richten wir unsere Aufmerksamkeit ganz natürlich auf unser Körperbewusstsein. So mancher Anwesende in dem Raum kann diese Energie spüren. Haben Sie beim Betreten eines Raumes schon einmal gehört „Die Sonne geht auf"? Ihre positive Gestimmtheit und der damit verbundene Gesichtsausdruck wirken sich auf die Stimmung der Menschen darin aus. Wir sollten beachten, dass wir zu jeder Zeit Einfluss auf unsere Umgebung nehmen; nicht nur in einer hierarchischen Rolle. Dauerhaft ist das emotionale Erlebnis, welches wir für uns und andere Menschen schaffen, sei es positiv oder negativ.

Probieren Sie es aus, liebe Leser. Fahren Sie ihre Sensoren aus, tunen Sie Ihre Mimik auf einladend, wenn Sie einen Raum mit wildfremden Menschen betreten. Seien Sie im Hier und Jetzt, statt in Gedanken woanders. Mauerblümchen tun dies nicht. Ist ihr Blick offen und interessiert, strahlen ihre Augen und Sie etwas Freundliches aus? Ehrliches Lächeln ist unwiderstehlich. Menschen werden Sie wahrnehmen und Sie andere Menschen. Sie hätten diese Menschen nie getroffen, hätten Sie Gedanken nachgehangen, die nichts mit der momentanen Situation zu tun haben.

Man stelle sich vor, dass Sie bei einem solchen Menschentreffen-Erlebnis einen „Now-Moment" erleben könnten. Diese Momente sind von besonders tiefer Qualität, welche „unerwartet und hoch aufgeladen sind und alle Beteiligten im Sinne einer ganzheitlichen Resonanz treffen", sagt Professor Verres (Verres 2005). Sie prägen sich in unser Personengedächtnis. Wer solche „Momente des Gemeinsam-Seins"(Gindl 2002) schon erlebt hat, kann sich gewiss an sein damaliges Glücksgefühl erinnern. Bei den zahlreichen Begegnungen mit mir wildfremden sowie bekannten Menschen bei *„DIALOG nach David Bohm"* in Heidelberg erfahre ich regelmäßig solche „Now-Momente". Hier integrieren wir Gefühle und Wissen, Intuition und Vernunft miteinander. Was ist daran gesund? Indem man durch eine wertschätzende Haltung der eigenen Intuition einen offiziellen Raum gibt, kann sich emotionaler Stress nur schwer entwickeln. Ruhe und Gelassenheit verbreiten sich im Raum. Widersprüchliches oder Falsches werden unter den sich respektierenden Teilnehmern nicht ausdiskutiert, erfahren keine Bewertung, sondern bleiben in der Schwebe bis sie sich durch neue Information auflösen. Wir lernen mit und voneinander, es gibt keine schulmeisterliche Unterweisung, kein richtig oder falsch. Ausschließlich die sich entwickelnde Einsicht eines Menschen möchte im jeweiligen Moment auf kultivierte Weise ausgesprochen werden. So fühlen Teilnehmer durch die grundlegende Wertschätzung durch andere Sicherheit und Vertrauen. Umsicht und Mut entwickeln sich, vertiefen sich beim nächsten Treffen.

Im Februar 2020 waren die Poster des Plakatkünstlers Oliver O. Rednitz beim *Dialog nach David Bohm* in Heidelberg Kernstück unserer dialogischen Überlegungen. „WE ARE ONE" steht auf einem Plakat. Diese Aussage erinnert an unsere stetige Verbundenheit mit allem was ist, an die

Naturgesetze. Der Architekt Rednitz mit Atelier in Berlin klebt und verkauft seine Plakate weltweit. Er weist auf die grandiose Vernetzung aller Menschen hin. Zwar sind wir auf unterschiedlichen Kontinenten zu Hause, doch das menschliche und Naturnetzwerk – zunächst sichtbar gemacht durch unsere Kommunikationstechnologien – ist unauflösbar.

2.5   Der Mensch – ein Gesamtkunstwerk

Bekanntlich definiert sich ein Kunstwerk als etwas einzigartiges, meisterhaft Geschaffenes in ästhetisch gelungener Ausführung. Die ICH-KULTUR® sieht jeden Menschen unwiderruflich als Unikat, egal wo er sich im Moment in seiner Entwicklung befindet. Seine ethnische Herkunft, seine Persönlichkeit, seine Intelligenzen, seine Verhaltenspräferenzen, seine Kommunikationsmuster, alles fügt sich in diesem Unikat zusammen. Professor Dr. med. Rolf Verres schreibt in seinem Buch „Was uns gesund macht" über den Menschen als „Gesamtkunstwerk", der seinem Leben Gestalt geben möchte. Körper, Seele und Geist könne man zwar unterscheiden, aber nicht voneinander trennen (Verres 2005).

Wir haben verstanden, dass man im beruflichen Alltag private Gefühle nur schwer verleugnen kann. Menschen können ihr ICH daher am Arbeitsplatz nicht einfach wandeln. Die gilt es festzuhalten. Begibt sich ein Mensch in ein System, sei es privat, beruflich oder öffentlich, ist er immer derselbe, einzig sein Verhalten mag sich der Situation angepasst verändern. Dabei spielen Gefühle eine wesentliche Rolle und beeinflussen seine Resonanzfähigkeit. Für Prof. Verres geht Resonanzfähigkeit über eine Einfühlung im Hier und Jetzt hinaus. Resonanz ist das Mitschwingen und Nachhallen in einem Körper, beim Menschen sowohl körperlich als auch in Seele und Geist. Nach Rolf Verres kann zwischenmenschliche Resonanz auch verzögert auftreten, zum Beispiel als Traum oder Nachklang einer Begegnung.

Nähe und Distanz sind Elemente einer Beziehung. Beziehungen sind Quellen persönlicher Reifung. Der in 2019 hoch betagt verstorbene Schweizer Paartherapeut Jürg Willi drückte es ungefähr so aus: „Wenn du das, was du tust, in Liebe tust, strengt es nicht an. Dabei ist Selbstkritik essentiell" (Willi 2004). Dies gilt für mich für jede Beziehung, ob privat oder beruflich. Zugegeben, im Konflikt an Liebe zu denken, fällt vielen meiner Klienten schwer, doch die innere Haltung, mit der wir auf unser Gegenüber zugehen, macht den Unterschied.

In einer unbekannten oder konfliktgeladenen Situation sollten wir uns an das ELAN-HAND-Modell (vergl. Abb. 2.1) erinnern (Malzacher 2007).

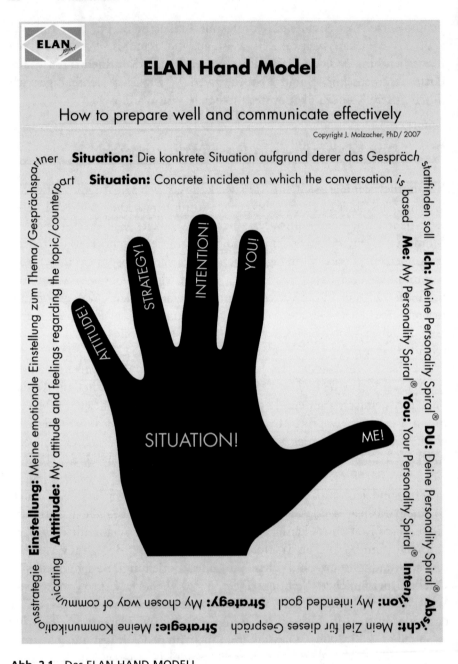

Abb. 2.1   Das ELAN-HAND-MODELL

Unser Körper ist nicht nur ein Kunstwerk, sondern auch ein Handwerkszeug, das wir für unser Wohlbefinden uneingeschränkt ausnutzen können. Unsere Hand spielt dabei eine vielfältige Rolle. Das oben erwähnte Handmodell hilft als sogenannte mnemotechnische Lernhilfe, die wichtigsten Faktoren für die Vorbereitung eines wichtigen Gesprächs zu erinnern. Handfläche und alle fünf Finger repräsentieren einen wichtigen Schritt. Der kleine Finger steht hier für die Haltung oder unser Gefühl gegenüber dem Gesprächspartner in einer bestimmten Situation. Umfassen Sie Ihren kleinen Finger und gehen Sie in sich. Wie sind Sie gestimmt? Wohlwollend oder feindselig, Win-Lose oder Win-Win, verständnisvoll interessiert oder abweisend, Bindung ablehnend oder bindungswillig, etc. Entsprechend werden Sie kommunizieren. Die pure Bewegung des Umfassens des kleinen Finger befördert ihre Gedanken in eine wohlmeinende Haltung gegenüber Ihnen selbst. Sie werden nicht einfach affektgesteuert handeln, sondern Emotion und Rationales gesund balancieren können. Die geschickte Kommunikation lebt davon, dass sich der Sprechende auf den Hörer gleichsam einschwingt und somit versucht zu spüren, was an Fakten und wie viel Emotion der andere vertragen kann, damit er dem Sprecher folgen möchte. Im Geschäftsalltag geht es um Kollaboration, nicht um die egoistische Artikulation der eigenen Bedürfnisse und Wünsche. Dies bedeutet umsichtiges Verhalten und Rücksichtnahme. Kommunikation im Affekt kann wie Kanonendonner wirken und wegen der Wucht der Verbalisierung verhallen. Dabei ist es egal, wie begeistert oder missmutig jemand spricht. Seit 15 Jahren hilft meinen Klienten das ELAN-HAND-Modell für den praktisch einfachen Einsatz bei der Vorbereitung eines wegweisenden Gesprächs. In meinem Buch „Mut in der Arbeitswelt durch ICH-KULTUR®" finden Sie eine ausführliche Erklärung zum ELAN-HAND-Modell (Malzacher 2018).

2.6 Bindungswille

Wer eine gelingende Beziehung möchte, muss sich auch binden wollen, egal ob geschäftlich oder privat. Den Bindungscharakter und seine Qualität bestimmen wir – bewusst oder unbewusst – selbst als haltbar, unzerbrechlich, fest, leicht oder flüchtig. Eine Bindung entsteht, ob wir es möchten oder nicht, mit unserem Chef, mit dem Geschäftspartner oder Kunden. Roboter können keine gefühlsmäßige Bindung eingehen, Menschen tun dies automatisch. Glücklicherweise können wir heute Robotern diejenigen Arbeiten überlassen, die der „Mensch als Instrument" bis vor kurzem ausführte und dabei in Stress geriet. Das komplexe Zusammenspiel von menschlichen Organen und steuernden Hormonen führt zu emotionalem Stress, Distress, wenn der Mensch sich verbiegen muss zugunsten von „Unmenschlichem". Was unmenschlich für uns ist, bestimmt ebenfalls das Individuum.

Halten wir fest, Verbindungen gehen wir als Menschen zumeist automatisch und unbewusst ein. Als Menschen können wir jedoch unseren Beziehungs- und Bindungswillen steuern und dies mit unserer Kommunikationskompetenz entsprechend den von uns wahrgenommenen Bedürfnissen unseres Gegenübers kommunizieren. Erwähnt sei jedoch, dass hirnphysiologische Störungen wie sie die Psychologie und Medizin heute betrachten, durchaus zu einer Art Bindungsunfähigkeit führen können, wie zum Beispiel Autismus oder das Asperger Syndrom F 84.5 (ICD 10 2019). Gleichzeitig ist bekannt, dass autistische Menschen in Unternehmen, welche deren besondere Begabungen schätzen, hoch beliebt und geschätzt sind. Wenn die Zusammenarbeit gelingt, kann davon ausgegangen werden, dass Menschen eine Bewusstheit über und Akzeptanz für das Gegenüber entwickelt haben. Daraus entsteht Toleranz für das „Unikat Mensch".

Eine Gruppe junger Wirtschaftsjuristen erklärte während eines fremdsprachlichen interkulturellen Kommunikationskurses, in Beziehung mit dem internationalen Geschäftspartner zu gehen, sei gefährlich. Beziehung verhindere die Anwendung eigener Tricks für den Machterhalt. Mein innerer Empörer schrie laut, bis mir klar wurde, dass sie das Wort verwechselt hatten: sie meinten Bindung.

Beziehungspflege ist vor allem im internationalen Business eine Voraussetzung für gute Geschäfte. Die meisten Menschen auf unserem Globus agieren zunächst auf der Beziehungsebene. Als IPC® Consultants unterscheiden wir mit Kommunikationsmodellen zwischen Beziehungs- und Sachebene. Selbstverständlich ziehen wir in Seminaren manchmal das bekannte Vier-Ohren-Modell, auch „Vier Seiten einer Nachricht" von Schultz von Thun zurate (Schultz von Thun 2010). Es heißt, deutsche Geschäftsleute hätten den Kulturstandard „Bei der Sache bleiben" verinnerlicht, verlangten dies sozusagen ihrer Professionalität ab (Thomas 2011). Neuere westliche Berufsetikette verbietet körperliche Berührungen und empfiehlt eine gesteigerte Vorsicht bei Geschenken aufgrund von Compliance – Regeln. Dabei sind beide in vielen Kulturen ein bedeutendes Zeichen von Wertschätzung und Nähe. Mut in Beziehungen unterstreicht die amerikanische High-School-Lehrerin Rebecca Reynolds in ihren Büchern über wichtige Rahmenbedingungen für jede Art von gelingender

Beziehungen (Reynolds 2018) in Anlehnung an den Paar-Therapeuten Gary Chapman (Chapman 2014). Hierzu gehören:

- Qualitätszeit
- Geschenke, die von Herzen kommen
- Hilfsleistungen
- Verbalisierte Bestätigung
- Nähe und körperliche Berührung

Globalisierung und Digitalisierung verändern beide unsere beruflichen Beziehungen, deren Qualität und unser natürliches Benehmen. „Wie soll ich mich benehmen, damit mich mein ausländischer Geschäftspartner akzeptiert?" Seien Sie Sie selbst, als Mensch mit klarer ICH-KULTUR®, ist meine Antwort. Kann man ethnische Kultursysteme und deren Standards in einer globalisierten Berufswelt überhaupt noch so sehen wie vor zwanzig Jahren? Wir beobachten klar und deutlich, wie sich beispielsweise Asiaten an westliches Geschäftsverhalten angleichen. Gleichermaßen meinen westliche Geschäftsleute immer noch, sie müssten sich in ihrem Verhalten „verbiegen", um in Asien erfolgreich zu sein. Wenn wir wissen, dass Beziehung ein universelles Bedürfnis von Menschen als sozialen Wesen ist, braucht es kein Rezeptbuch gegen Ängste gegenüber anderen Kulturen. Überdenken wir also unsere Stereotype. Die ICH-KULTUR® befasst sich grundsätzlich mit dem Individuum, statt mit sich verändernden Kultursystemen. In Kap. 3 und 4 erkläre ich, warum die Kenntnis über die Elemente der ICH-KULTUR® essenziell für den Erfolg im Berufsalltag sind.

2.7 Sichtbar gemachte Vernetzung – Herzplakate und „Litekultur"

Herzplakate finden sich nicht nur in Berlin. Auch in Amsterdam, Athen, Hamburg, Indien, Leipzig, Shanghai und Zürich sichtet man sie, wenn man das Glück hat, in der Nähe ihres Erschaffers zu sein. In Berlin kleben Herzplakate an vielen Ecken. Manchmal kann man den Künstler in strahlendem Weiß oder Hellblau gekleidet und dem jeweils passenden Hütchen an seiner „Mobile Art Gallery" auf irgendeinem Berliner Platz in Gespräche vertieft beobachten. Sie ist eine Art Installation, für jeden Vorübergehenden leicht zugänglich. Menschen jeden Bildungsstandes stellen ihm Fragen und finden sich in spannenden philosophischen Unterhaltungen wieder. Diese drehen sich zumeist um die Verbundenheit mit allem. Auf einem Plakat

Abb. 2.2 Herzplakat (mit freundlicher Genehmigung des Künstlers)

steht „WE ARE ONE", ein anderes sagt schlicht „YOU ME ONE". In Verbindung gehen und dabei vieles über sich selbst lernen ist ein Prozess der Selbsterkenntnis für den interessierten Zuhörer und gleichfalls für den unaufdringlich kommunizierenden Künstler Oliver O. Rednitz. Eigentlich ist er Architekt. Sein Atelier ist in der Berliner Schnellerstraße. Mit seinen Plakaten initiiert er ungeplantes Reflektieren im Betrachter und eine anschließende Verständigung darüber. Mir erscheint dieser Künstler als philosophischer Lehrer während gleichsam zufälliger Begegnungen. Wer sich auf seine Plakate und die Gespräche darüber einlässt, wird seinen Spaziergang doppelt wertvoll genutzt haben (Abb. 2.2).

2.8 Interview mit dem Berliner Künstler Oliver O. Rednitz

Lieber Oliver, ich habe dich in Berlin aufgesucht, nachdem ich von deinem Beitrag während einer Sendung des Deutschlandfunks sehr beeindruckt war. Die Sendung damals handelte über Zuwendung und

Menschlichkeit. In diesem Buch geht es um Beziehungen und wie wir diese in unserem beruflichen Alltag zu unser aller Zufriedenheit leben können. Wie kam es, dass du deinem Architektenberuf immer wieder den Rücken kehrst (Rednitz 2019)?

„Na ja, Geld verdienen und kreatives Schaffen passen für mich nicht gut zusammen. Ein stressiger Fulltimejob im Büro tut mir nicht gut. Flexibel und zielorientiert agil zu sein, ist für mich wichtig. Ich bin dankbar für meine Freiheit und die Möglichkeit, meine Potenziale ausleben zu können. Am Ende des Tages ging es vor allem um Time & Budget. Da bleibt wenig Möglichkeit für kreatives Schaffen und individuelle Entfaltung. Der stressige, zeitintensive und durchorganisierte Alltag im Büro hinterlässt wenig Freiraum für persönliche Wünsche und Träume."

In einem Atelier arbeiten meist mehrere Menschen. Was ist für dich dort anders als in einem Büro?

„Im Atelier verfolge ich völlig unabhängig eigene Interessen, bin nicht fremdgesteuert von äußeren Aufgaben oder Bedingungen, kann ganz meiner inneren Stimme lauschen und gleichzeitig mit meiner Umwelt in Dialog treten."

NEW WORK und Agile Teams scheinen heute für ein neues Arbeitsumfeld zu sorgen. Offene, schnell wechselnde Teams mit ebenso wechselnden Aufgaben und Leitungsverantwortlichen entstehen. Könnte dir dies besser gefallen als die konventionelle Büro- und Arbeitsgestaltung?

„Ich kenne durchaus das Arbeiten in flexiblen interaktiven Teams. Gerade größere Projekte benötigen spezielle Mitarbeiter, die den besonderen Aufgaben gerecht werden. Je nach Planungsphase wechselt das Arbeitsumfeld. Dennoch fehlen mir die persönliche Entfaltung und das Ausleben meiner Interessen."

Was steckt in Litekultur?

„Mit dem Begriff „Litekultur" setze ich mich seit Ende der 1990er Jahre auseinander. Dabei wollte ich dem Begriff Leitkultur die Schwere und das Dogmatische nehmen. Deshalb ersetzte ich das Wort „Leit" durch das amerikanische „Lite". Klanglich sind die Wörter gleich, aber Lite steht für Licht, Leichtigkeit und Freiheit während „Leit" wiederum fremdbestimmt, angepasst und ausgrenzend wirkt. Später bin ich auf ein Zitat von Friedrich Wilhelm Nietzsche gestoßen, das meine Vorstellung von Litekultur treffend beschreibt: *Wer die Menschen einst fliegen lehrt, der hat alle Grenzsteine verrückt; alle Grenzsteine selber werden ihm in die Luft fliegen, die Erde wird er neu taufen — als „die Leichte.".*

Du sagst, du gehst gerne in Dialog mit Menschen. Was genau geben dir die Gespräche, wenn du mit deiner Mobile Art Gallery unterwegs bist?

„Ja, ich gehe sehr oft in Dialog, virtuell oder in Person. Mein Anliegen ist, an die allgegenwärtige Liebe zu erinnern. Die Menschen polarisieren und regen zum Nachdenken an. Der Wert und gewünschte Effekt meiner Tätigkeit liegt im Verbindungen-Schaffen durch Interaktion. Das macht mich glücklich.

Mithilfe der Plakatkunst schaffe ich geistige Skulpturen, die sich im öffentlichen Raum verdichten und im Geiste von Joseph Beuys eine „Soziale Plastik" beschreiben. Der zunehmend privatisierte öffentliche Raum wird durch die Plakate regeneriert und vom Betrachter durch seine Wahrnehmung, Sprache, Denken sowie Handeln mitgestaltet und neu interpretiert. Es geht um Brennpunkte des sozialen Lebens, Orte an denen Leute ins Gespräch kommen. Dort regen die Plakate zur Diskussion an."

Mit deinen Postern hast du eine eigene Sprache entwickelt. Was wünscht du dir für die Ära der Digitalisierung?

„Es gibt viel Trennendes und Spaltendes in unserer Welt. Wir sind jedoch eins. Liebe ist die Erkenntnis, dass alles, was ist, seine Existenz durch das andere bekommt. Wir sollten verantwortlich und verbindlich sein. Das gilt schon immer, nicht erst jetzt."

Könnte man deine Tätigkeit Berufung nennen?

„Zur Berufung wird eine Tätigkeit, wenn man sich damit identifizieren kann, wenn man sie gerne macht und wenn sie einen erfüllt. Dabei reagiere ich auf meine Umwelt und trete mit ihr in Dialog. So entsteht ein Prozess, der mich bereichert und glücklich macht. Meine Tätigkeit nenne ich Sinn. Ich kann aus diesem Prozess nicht mehr aussteigen, das ist für mich unvorstellbar. Ich bin sehr glücklich. Auf keinen Fall würde ich mein Leben anders organisieren wollen."

Welches Ereignis gab dir den Impuls für die Posteridee?

„Ursprünglich wollte ich einen Film über ein paar Freunde machen, die versuchen herauszufinden, was auf ihrem Planeten schief läuft. Dabei ist der Charakter eines manischen Straßenpredigers, der immer einen weißen Anzug und ein T-Shirt mit der Aufschrift JESUS LOVES YOU trägt, entstanden. Anlässlich des ökumenischen Kirchentags 2003 habe ich das T-Shirt drucken lassen und konnte ein Exemplar dem Dalai Lama überreichen. Ein Internet-Virus, der mich zufällig per Email erreichte, führte schließlich zu einem Video, das die Übergabe dokumentierte und im Fernsehen gezeigt wurde. Das war die Initialzündung meiner viralen Plakatserie."

Du schreibst auch über deine Mission. Könntest du sie hier mit 3 Begriffen zusammenfassen?

„Wir befinden uns in einer Zeit, die von politischen und gesellschaftlichen Unruhen geprägt ist, von neuen Ängsten, Ausgrenzungen, Spannungen und altem Hass gegenüber dem Fremden und Anderen. In einer Zeit, in der die Schattenseiten unseres Systems radikal zutage treten, möchte ich mit den Plakaten die Themen Liebe, Mitgefühl und Eins-Sein zur Diskussion stellen."

In der Serie „Heldenreise" behandelst du Herzensbildung im Allgemeinen.

„Es geht um Selbst- und Nächstenliebe. Dies ist ein Prozess der Selbsterkenntnis. In den letzten 16 Jahren habe ich viel über mich gelernt. Der Mensch muss sich erst selbst erkennen, dann kann ich den anderen erkennen und lieben. Viele Menschen haben Angst vor sich selbst. Dies zeigt sich in unserer Gesellschaft. Es ist jedoch ganz selbstverständlich und natürlich, sich selbst zu lieben, nichts Herausragendes. Ausgehend von den fünf Weltreligionen und der göttlichen Liebe beschreiben 24 Plakate der Serie HELDENREISE den Weg zur Selbst- und Nächstenliebe: Ich bin der ich bin. Du bist ich, ich bin du und wir alle sind eins. Wenn wir gemeinsam diese Tatsache verinnerlichen, haben Geld und Besitz, Spezies, Klasse, Nationalität und Religion keine Bedeutung mehr. Die Macht der Liebe überwindet die Liebe zur Macht."

Selbsterkenntnis braucht Mut.

„Mut war bei mir immer da. Meine Erfahrungen haben es mir leicht gemacht, mutiger zu werden. Scheitern gehört auch dazu. Das freundliche Universum macht mich dankbar. Ohne den Mut, seinen eigenen individuellen Weg abseits der Norm oder Dogmen zu gehen, ist Selbstliebe und Selbsterkenntnis unmöglich. Natürlich ist Scheitern Teil dieser Entwicklung. Jedes Individuum ist einzigartig und hat seinen persönlichen Lebenslauf. Das Universum liebt Dich und hilft Dir. Demut und Dankbarkeit ermutigen mich immer wieder, dem göttlichen Plan zu folgen."

Was wünscht du dir für die Zukunft und deine Pläne für 2020?
„In 2020 möchte ich endlich den lang geplanten Film machen. Der Inhalt: Was geht auf unserem Planeten schief? Richard Wagners Ring der Nibelungen wird eine wesentliche Rolle spielen."

Lieber Oliver, wie du deine klare Mission lebst, beeindruckt mich immer wieder. Dies zeigt auch dein bemerkenswerter Imagefilm. Ich wünsche dir, dass du noch mehr Menschen erreichst und das lang geplante Filmprojekt demnächst realisieren kannst. Herzlichen Dank!

Die Website des Künstlers: www.litekultur.net.

Literatur

Buber M (1957) Ich und Du. Lambert Schneider, Heidelberg, S 1983

Bushmann BB, Holt-Lunstad J (2009) Understanding social relationship maintenance among friends: why we don't end those frustrating friendships. J Soc Clin Psychol 28(6):749–778

Chapman G (2014) The 5 love languages, singles, Northfield Publishing, MI

Gindl B (2002) Anklang – die Resonanz der Seele: Über ein Grundprinzip therapeutischer Beziehung, Promotionsarbeit, Kindle Edition

ICD 10 – GM 2019 https://www.icd-code.de/suche/icd/code/F84.-.html?sp= SAsperger+Syndrom. Zugegriffen: 20. Aug. 2019

Lang FR, Wagner J, Wrzus C, Neyer FJ (2013) Personal effort in social relationships across adulthood. Psychology and Aging, 28(2), 529–539. American Psychological Association

Malzacher J (2018) Mit ICH-KULTUR zum privaten und beruflichen Erfolg. Springer-Gabler, Wiesbaden

Malzacher J (2007) Trainings und Coachings. ELANproject GmbH, Obersulm

Martella F, Ryan RM (2016) Causal and Behavioral Evidence in Motivation and Emotion 40(3), 351–357

Park M, Verhoeven J, Cuijpers P, Reynolds III C; Penninx B (2015) Where you live may make you old: The association between perceived poor neighborhood quality and Leukocyte telomere length, Netherlands https://doi.org/10.1371/journal.pone.0128460. Zugegriffen: 20. Aug. 2019

Rednitz OO (2019) www.filmingforchange.net/2/portfolio/oliver-r-rednitz; Berlin

Reynolds RK (2018) Courage, Dear Heart, NavPress Publishing Group, CO

Schultz von Thun F (2010)Miteinander reden 1: Störungen und Klärungen. Allgemeine Psychologie der Kommunikation, Rowohlt Verlag, Berlin

Thomas A (2011) Sachorientierung/Person- und Beziehungsorientierung. Inter-
    kulturelle Handlungskompetenz. Gabler Verlag
Verres R (2005) Was uns gesund macht. Herder Verlag, Freiburg
Von der Lippe H, Rösler J (2011) Strategien der Regulation on Netzwerk-
    beziehungen in Partnerschaften junger Erwachsener. Zeitschrift für qualitative
    Forschung: ZQF-Leverkusen-Opladen, Bundrich, Bd. 12.2012,1 S 65-89
Willi J (2004) Psychologie der Liebe. Reinbek, Hamburg

3

Ziele beruflicher Beziehungen in Zeiten von VUKA

Berufliche Beziehungen, deren Aufbau und Pflege sind wichtig für unser tägliches Wohlgefühl, ebenso ihre Auflösung. Seit Dekaden berichten meine Klienten, dass eine gute Stimmung im Team und das Gefühl der Zugehörigkeit in der Organisation ihre Motivation stärken und ein wesentlicher Kompensationsfaktor bei problematischer Konjunktur oder fehlender Gehaltserhöhung sind. Beziehungsverhalten innerhalb einer Organisation nennen Wissenschaftler „Internes Networking"(Wolff und Moser 2006).

Nach außen, also in Richtung Kunden und Lieferanten, sind berufliche Beziehungen ungleich schwerer aufzubauen und zu pflegen, zumal Agieren im internationalen Umfeld zusätzliche Herausforderungen mit sich bringt. Die Auflösung beruflicher Beziehungen geschieht manchmal abrupt und einschneidend, wenn beispielsweise langjährige Lieferanten ohne entsprechende Ankündigung verschwinden. Dasselbe gilt für Mitarbeiter und deren damit neue Aufgaben als Botschafter der Organisation.

Ich erinnere mich an ein Unternehmen, in welchem Mitarbeiter in ihrer Position als Teamleiter zufrieden waren bis sich ihre Stellenbeschreibung eines Tages änderte. Von nun an sollten sie nicht nur zusätzlich Projekte von Bestandskunden akquirieren, sondern auch Neukunden gewinnen. Die neue Rolle stand nicht allen. „Agierende Außenminister" ihres Unternehmens wurden sie sozusagen über Nacht. Im Mitarbeiter-Jahresgespräch wurden sie ab sofort entsprechend bewertet. Der neue Job forderte proaktives Verhalten. Zusätzlich zur immer vorhandenen Botschafterrolle für das Unternehmen, erwartete man nun erfolgreiches Akquirieren inklusive „Externem Networking". Einige hoch identifizierte Mitarbeiter gefielen sich

© Springer Fachmedien Wiesbaden GmbH, ein Teil von Springer Nature 2020
J. Malzacher, *Berufliche Beziehungen gestalten mit ICH-KULTUR*,
https://doi.org/10.1007/978-3-658-29975-0_3

in der Rolle. Andere konnten sich weder anfreunden noch einlassen, zeigten jedoch keinen Widerstand. Sie fühlten sich zunehmend schlecht aufgrund fehlender Sales-Kompetenz und nachlassender Wertschätzung aufgrund ihrer „Mal-Performance". Rückzug in Aufgaben, welche ihre ursprüngliche Kompetenz verlangten, war die Folge. Flucht aus der neuen Verantwortung. Auf den zweiten Blick jedoch war es vornehmlich eine Flucht vor dem eigenen Mut. Zurückstufung war keine Option. Unsicherheit und Ärger folgten.

Dabei hatte die organisationale Stresskaskade schon lange zuvor begonnen. Ängstlich vor möglichen Konsequenzen veränderte sich das Verhalten aller. Passive Aggression (Pferdsdorf 2019) war dort unschwer auszumachen. Zumeist auf Reisen zeigte der Vorgesetzte darüber hinaus weder empathische Umsicht, noch strategische Weitsicht für das Teamgeschehen. Zwar lebte er „Open Door", doch keiner kam, um sich mit ihm vertrauensvoll abzustimmen. Statt wahrhaftiger Informationen wurden Gerüchte gestreut. Die Stimmung kippte vollends ins Negative. Schließlich wurde die Organisation als solche zum Opfer, indem die Beliebtheitsskala des Managements drastisch sank, Mitarbeiter das Unternehmen verließen und der gute Ruf des Unternehmens litt.

Mein Einblick in Unternehmen ist vielfältig, ebenso vielgestaltig meine Beobachtung. Bewusst unvoreingenommen lausche ich meinen Klienten. Dabei faszinieren mich Mikro-Systeme. Frage ich nach den Werten, dem Leitbild oder der Vision des Unternehmens, beschränken sich selbst Führungskräfte häufig auf den Verweis auf die Website der Firma. Berufliche Beziehungen richten sich somit scheinbar ausschließlich auf die direkte Arbeitsumgebung aus; die ein oder zwei Abteilungen, die Mitarbeiter und ihre Tätigkeit jeweils am meisten beeinflussen. Weil Komplexität leicht überfordert, betten sich Menschen mit Vorliebe dort, wo es verträglich einfach zugeht. Der 180° Blick hinaus, hinüber oder in 360° um sich herum, geschieht auch bei Führungskräften eher selten. Wie sich dies auf die Beziehungsgestaltung auswirkt, lesen Sie in Abschn. 3.2.

VUKA bringt uns enorme Veränderungsgeschwindigkeit, erhöhte Komplexität und die daraus entstehende Mehrdeutigkeit von Dingen und Aktionen. Unsicherheit entsteht. Wenn wir uns auf berufliche Beziehungen verlassen können, uns in ihnen sicher fühlen, indem wir in gelingender Kommunikation aufeinander eingehen, kann uns eine sich verändernde Welt nicht so schnell durcheinander bringen. NEW WORK ist demnach auch nicht nur eine Worthülse, die bekanntermaßen der austro-amerikanische Sozialphilosoph Frithjof Bergmann schon ab den späten 1970er Jahren prägte.

3.1 NEW WORK und die neue Beziehungsdynamik

Selbstständigkeit, Handlungsfreiheit und die Entfaltung der eigenen Persönlichkeit sind wesentliche Aspekte von NEW WORK. Wenn sinnstiftendes, selbstbestimmtes Handeln im Job heute starre Arbeitsrahmen sowie alte Arbeitsmethoden abschaffen möchte, entstehen neue Dynamiken im täglichen Miteinander. Doch immer noch gibt es Führungskräfte, die gerne Anweisungen verteilen und Mitarbeiter, die gerne Anweisungen ausführen und daraus ihre Jobzufriedenheit ziehen. Dabei steht uns in der deutschen Industriementalität ein erklärungsarmer Pragmatismus im Wege. Er sorgt oft für stillschweigende Annahmen statt kommunikative Verständnisklärung bei Mitarbeitern und Vorgesetzten. Ändern sich Rahmenbedingungen bei gleichzeitigem Wunsch nach Agilität, lauert Konfliktgefahr.

Innere Konflikte von Mitarbeitern erachten IPC® Consultants als extrem gefährlich für den Teamspirit. Allzu leicht entwickelt sich aus einer einfachen Unzufriedenheit im Mitarbeiter ein Stimmungstief mit dem Ansteckungspotenzial eines Influenzavirus. Kollegen und Führungskräfte sollten daher im Sinne einer fürsorglichen, gesundheitsorientierten Zusammenarbeit aufeinander achten. Ihr ehrliches, empathisches Interesse am stimmungsgetrübten Mitarbeiter ist dabei unabdingbar.

Demgegenüber sollte, wer sich für das eigene Arbeiten mehr Flexibilität wünscht, auch anderen Flexibilität zugestehen. Wer von anderen selbstständiges Arbeiten bei der Entfaltung seiner Talente wünscht, sollte auch selbst seine Talente kennen und diese zeigen wollen. Er sollte sie einsetzen dürfen. Mit jedem neuen (internationalen) Kollegen bestimmen wir die Qualität unserer beruflichen Beziehungen neu, indem wir, bewusst oder unbewusst, abgleichen, was wir aus dieser Beziehung für uns gewinnen, was wir verlieren oder nicht möchten. Geben und Nehmen in Balance sind zutiefst menschliche Erwartungen an jede Art von Beziehung. Ein Ungleichgewicht führt erfahrungsgemäß zu innerer Unzufriedenheit, was sich wiederum in erfolgloser Kommunikation niederschlägt. Hier ein Beispiel einer abteilungsweiten Stresskaskade.

Missstimmungen in der Abteilung und eine entsprechend eingeleitete Umstrukturierung führte zu noch mehr Missstimmung unter Kollegen. Die hilflose Führungskraft trennte eine fachlich sehr kompetente Mitarbeiterin von dem Rest des Teams, steckte sie in ein einsames Büro mit eigentlich vier Arbeitsplätzen. Wegen dieser erklärungslosen Anweisung sowie dem fehlenden Kollegenkontakt während der Arbeitszeit, fühlte sich die Mitarbeiterin bestraft und wertlos. Schüchternheit und ihre hohe Hierarchieorientierung machten aus ihrem Ärger ein Stressmonster. Als ihr emotionaler Stress zu einer Depression führte, fiel sie wochenlang aus. Das Führungsversagen, den Personalersatz durch eine Personaldienstleistung und die bekanntlich langwierige Wiedereingliederungsphase nach dem „Hamburger Modell" (Arbeitsrecht 2020) kostete das Unternehmen horrende Summen.

Auch in Zeiten von NEW WORK haben Menschen unterschiedliche Anpassungsperioden und Kommunikationsbedürfnisse. Verantwortliche Führungskräfte sorgen dafür, dass Mitarbeiter ausreichend informiert sind. Mitarbeiter haben ihrerseits die Verantwortung, fehlende Informationen einzuholen. Dies war schon immer so. Durch NEW WORK mit agilem, gesundheitsförderndem Führen, erstarkt der Wunsch nach Kommunikationshäufigkeit und -tiefe. Somit intensivieren sich berufliche Beziehungen im Innen- und Außenverhältnis. Ad-Hoc-Meetings verlangen von Mitarbeitern, sich schnell auf andere einzuschwingen, verlässlich zu liefern und Info strukturiert abzurufen. Vertrauen in den Kollegen, von dem man möglicherweise für seinen eigenen Liefererfolg abhängig ist, muss sich noch flinker entwickeln als bisher. Die Qualität unserer beruflichen Beziehungen ist daher ein höchst kritischer Faktor für gelingende Zusammenarbeit und kontinuierliche Entwicklung unserer eigenen mentalen Resilienz. Im Folgenden gehe ich auf einige wesentliche Erfolgsfaktoren ein.

3.2 Erfolgsfaktoren für berufliche Beziehungen nach innen und außen

Menschen entscheiden zumeist intuitiv, inwiefern sie ihre privaten und beruflichen Beziehungen miteinander verknüpfen. Oft finden sie neben Freundschaften auch in beruflichen Beziehungen eine Art emotionale Heimat. Wer täglich mit netten Kollegen arbeitet und noch dazu seinen Job liebt, könnte sich im Geschäftsalltag zu den Menschen in seinem beruflichen Mikro-System durchaus hingebungsvoller zeigen als zu Freunden. Menschen erlernen während ihrer beruflichen Sozialisation zumeist Erfolgs- und Aufgabenorientierung. Ehrliche Emotionalität hat hier keinen Platz. Fehlende „emotionale Expressivität" im Beruf führt bei Klienten zum Dilemma, vor allem im Außenverhältnis. Verstehen wir uns mit einem Kunden gut, müssen wir uns an die Compliance-Regeln unseres

Unternehmens erinnern. Sind wir besonders herzlich, wird uns dies als „Schleimen" ausgelegt.

Agieren wir in Freundschaftsbeziehungen zumeist auf emotional sicherem Terrain und im Vertrauen des gegenseitigen Verständnisses, gelingt uns dies in beruflichen Beziehungen nicht grundsätzlich. Erfahrungen zeigen, dass im beruflichen Kontext einmal Ausgesprochenes als „Flurfunk" leicht die Runde macht. Damit empfiehlt sich hier eine strategische und besonnene Kommunikation; anstrengend, wenn der Kitt für gute Beziehungen und Vertrauen fehlt. In beruflichen Beziehungen nach innen, zu Kollegen und Vorgesetzten, sowie nach außen sind wir zu jeder Zeit Botschafter unseres Unternehmens. Wir alle haben Bedürfnisse, Erwartungen und Wünsche. Ziele hat auch unser Gegenüber. Ein zentrales Grundbedürfnis für soziale Wesen ist das Gefühl der Zugehörigkeit. Das Risiko immensen emotionalen Stresses im Mitarbeiter gehen Führungskräfte ein, wenn sie Mitarbeiter ohne Erklärung aus einer Gruppenarbeit nehmen oder ohne Ankündigung in eine andere Abteilung transferieren.

Wo Mitarbeiter ihre ureigenen Erfolgsstrategien entwickeln und einen allgemeinen Verhaltenskodex missachten, gibt es leicht Fehltritte. Flurfunk beschäftigt Mitarbeiter oft mehr als Ansagen von wenig anerkannten Vorgesetzten. Strategisch geplante informelle Treffen beim Networking-Stehkaffee dienen oft dazu, bestimmte Menschen zusammenzubringen. Man beobachtet sich gegenseitig, stellt Schnittmengen fest und bestimmt Menschen als mögliche Erfüllungsgehilfen für die eigenen Ziele. Aufmerksame Klienten berichten immer wieder über ihren persönlichen Vertrauensverlust im Zusammenhang mit so entstandenen Gerüchten. Manche merken gar nicht, dass sie insgeheim über andere Schlüsse ziehen. Dabei hatte der Initiator eines informellen Treffens nur Positives im Sinn. Klären wir daher unsere persönlichen Ziele beim beruflichen „Networking" nach innen und außen (vlg Abb. 3.1).

Nach sieben Jahren reibungsloser Zusammenarbeit versuchte ein Einkäufer respektlose und manipulative Taktiken bei einer erneuten Preisverhandlung. Als er auf meine Gegenargumente keine passenden Konter fand, behauptete er hilflos, der Fachbereich hätte ihn angewiesen, so zu handeln. Ich erklärte ihm, dass genau der Fachbereich ja eben durch den Einsatz meiner Trainings darauf schaute, dass Menschen international respektvoll behandelt würden. Nach einigem Hin und Her gestand er mir eine Preiserhöhung zu. Im Fachbereich fragte ich nach. Von dort erhielt ich ausweichende Antworten. Unklare Kommunikation beschädigte mein Vertrauen. Meine Beziehungspflege sank. Eines Tages besprach ich mein Problem mit einem Ansprechpartner vor Ort. Hierarchisch und emotional

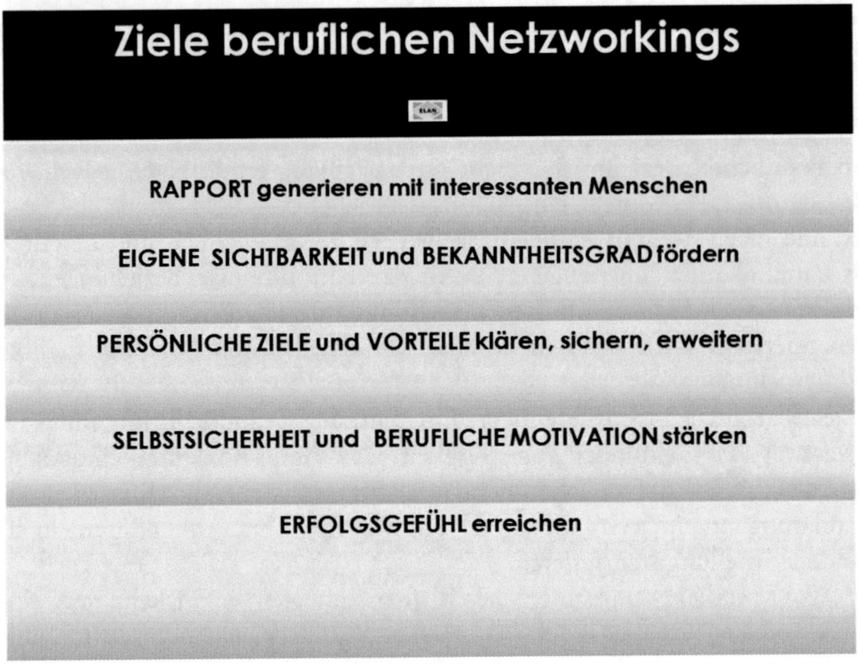

Ziele beruflichen Netzworkings

RAPPORT generieren mit interessanten Menschen

EIGENE SICHTBARKEIT und BEKANNTHEITSGRAD fördern

PERSÖNLICHE ZIELE und VORTEILE klären, sichern, erweitern

SELBSTSICHERHEIT und BERUFLICHE MOTIVATION stärken

ERFOLGSGEFÜHL erreichen

Abb. 3.1   Ziele beruflichen Networkings

gelang es nicht, mein Problem auf höherer Ebene zu thematisieren. Später begann eine starke Führungsfluktuation und permanente Umstrukturierung. Menschen mit fehlender Personalentwicklungskompetenz ersetzten meine Kontakte. So begann der langwierige Vertrauensaufbau inklusive fachlicher Überzeugungskraft von neuem.

3.3 Aktivitäten für gelingende berufliche Beziehungen

Gelingende menschliche Beziehungen entstehen durch Nähe. Nähe wird nicht durch virtuelle Netzwerke generiert, denn hier vermissen wir essenzielle Hinweise auf das Wesen des Menschen. Neben non-verbalen Reizen gehen in virtuellen Beziehungen sogenannte olfaktorische Reize der Wahrnehmung verloren (Hatt 2008). Duft- und Geruchsstoffe haben wesentlichen Einfluss auf unser Gehirn und die Gesamtanmutung unseres Gegenübers. Sie tragen nachdrücklich dazu bei, ob wir unseren Geschäftspartner positiv oder negativ wahrnehmen. Wenn uns gelingende berufliche

Beziehungen wichtig sind, sollten wir meine Empfehlungen in Abb. 3.2 beachten.

In Kap. 7 und 8 finden Sie weitere praktische Tipps. Seit über 30 Jahren arbeite ich regelmäßig in Projekten für den gemeinsamen Erfolg zusammen mit deutschen, amerikanischen, englischen, chinesischen, indischen, japanischen Kunden, die mit eben solchen Landeskulturen zu tun haben. Daneben habe ich intensive Beziehungen zu meinen deutschen, englischen, spanischen, indischen, italienischen, französischen, ungarischen, österreichischen und osteuropäischen Geschäftskontakten. Meine engsten beruflichen Beziehungen sehe ich als meine transatlantischen. Meinem Aufwachsen und Lernen schulde ich mein Interesse am amerikanischen Freiheitsstreben. Mit einer extensiven Arbeit über praktisches interkulturelles Management erlangte ich in den USA meinen Ph.D. Die amerikanische Verfassung, hat dort im Zusammenhang mit Präsident Donald Trump erneut politische Aufmerksamkeit erhalten. Freiheit und der Wille gegen Unterdrückung und hoheitliche Beeinflussung und Manipulation erhält für mich in Zeiten der Möglichkeiten des Internets eine verstärkte Bedeutung.

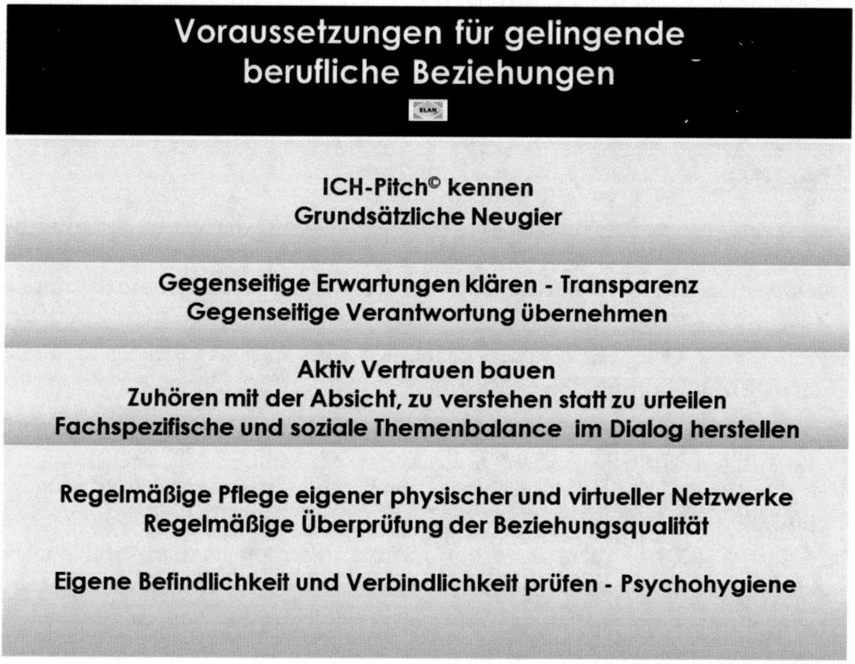

Voraussetzungen für gelingende berufliche Beziehungen

ELAN

ICH-Pitch© kennen
Grundsätzliche Neugier

Gegenseitige Erwartungen klären - Transparenz
Gegenseitige Verantwortung übernehmen

Aktiv Vertrauen bauen
Zuhören mit der Absicht, zu verstehen statt zu urteilen
Fachspezifische und soziale Themenbalance im Dialog herstellen

Regelmäßige Pflege eigener physischer und virtueller Netzwerke
Regelmäßige Überprüfung der Beziehungsqualität

Eigene Befindlichkeit und Verbindlichkeit prüfen - Psychohygiene

Abb. 3.2 Voraussetzungen für gelingende berufliche Beziehungen

Daher ist ICH-KULTUR® mit seiner inhärenten Selbstkompetenzentwicklung imperativ. Imperativ bedeutet für mich eine Forderung, ein Sittengebot, wie zum Beispiel der „Kategorische Imperativ" nach Kant. „Handle nur nach derjenigen Maxime, durch die du zugleich wollen kannst, dass sie ein allgemeines Gesetz werde" (König 1994). Dies bedeutet nicht: „Was du nicht willst, das man dir tu', das füge keinem anderen zu". Dieser Spruch steht in der Bibel, anglikanische Christen nannten ihn die „Goldene Regel". Überall auf der Welt finden sich ähnliche Ausdrucksweisen. Daraus entstanden auch lateinische Ausdrucksweisen, wie zum Beispiel „do ut des" und „quid pro quo", also „Ich gebe, damit du gebest" und „Eine Hand wäscht die andere" oder auch „Tit for Tat", bedeutend: „Wie du mir, so ich dir".

In der Arbeitswelt verhalten sich Kollegen oft wie persönliche Freunde. Entsprechend entstehen Erwartungen an unser Gegenüber, die, wenn sie nicht erfüllt werden, in echten Freundschaften häufig mit Nachsicht behandelt werden (Neyer, Wrzus 2018). Bei Kollegen, Vorgesetzten und anderen Autoritäten, wo man professionelles Verhalten erwartet, entstehen durch unerfüllte Erwartungen leichter Konflikte. Daher ist es von Belang, wie unsere Persönlichkeit zu unserem Verhalten beiträgt und das Gegenüber mit seiner Persönlichkeit entsprechend reagiert. Äußerst spannend ist die Frage, wie sich unsere ICH-KULTUR® durch Erfahrungen und andere Einflussfaktoren entwickelt und inwieweit wir mental resilient und gelassen mit unerfüllten Erwartungen und anderen Missgeschicken umgehen. Lesen Sie darüber in Kap. 4.

Literatur

Arbeitsrecht (2020) Hamburger Modell. https://www.arbeitsrecht.org/arbeitnehmer/krankheit/wiedereingliederung-mit-dem-hamburger-modell-zum-ziel/. Zugegriffen: 20. Jan. 2020

Hatt H (2008) Das Maiglöckchen-Phänomen Alles über das Riechen und wie es unser Leben bestimmt. Piper, München

König P (1994) Autonomie und Autokratie – Über Kants Metaphysik der Sitten, Quellen und Studien zur Philosophie, vol 36. De Gruyter, Oldenburg

Neyer FJ, Wrzus C (2018) Psychologie der Freundschaft, Report Psychologie 43, 200-207

Pferdsdorf S (2019) „Na, wenn du meinst!" Psychologie nach Zahlen: Fünf Erkenntnisse über passiv-aggressives Verhalten – und wie man ihm begegnen kann. https://www.psychologie-heute.de/gesellschaft/39814-na-wenn-du-meinst. html. Zugegriffen: 8. Dez. 2019

Wolff HG, Moser K (2009) Persönlichkeit und Networking: Eine Analyse mittels interpersonalem Circumplex. Z Personalpsychol 8:106–116

4

Die ICH-KULTUR®

„ICH ist nicht Gehirn", schreibt der Heidelberger Philosoph Markus
Gabriel, dessen Ziel die Verteidigung der geistigen Freiheit ist (Gabriel
2017). Zustimmung, denn ohne ICH-KULTUR® sind wir geistig ärmer.
Unser Geist braucht die bewusste Kultivierung als Lebensaufgabe. Gabriel
sagt, Geist und Bewusstsein seien nicht dasselbe. Bedingungen in den
Fokus für das Vorliegen von Bewusstsein seien das Interesse der Neurobio-
logie. Wenn wir über etwas Erlebbares sprächen, reichte es nicht, korrekte
Berichte darüber abzugeben. Durch Erleben sollten wir etwas kennenlernen.
Gemeinsam mit anderen zelebrierten, kultivierten und veränderten wir
unser Selbstbild.

Hierfür braucht es Beziehungen mit Mitmenschen. ICH-KULTUR®
nutzt menschliches Denkvermögen gegen den ignoranten Blick auf Fakten,
egoistische Indifferenz, übergroße Selbstverliebtheit und gegen professionelle
Deformation. Hier neigen wir dazu, berufsperspektivische Sichtweisen
auf andere Lebensbereiche zu übertragen und fällen Fehlurteile. Unan-
gemessenes Verhalten ist die Folge. Wir alle sind in Gefahr, die Welt vornehmlich durch eine berufliche Brille zu sehen. Dies kann sich negativ auf
die Pflege unsere Beziehungen auswirken, wenn wir privat langatmig über
unser berufliches Wissen famulieren und unseren gähnenden Gesprächspartner nicht bemerken. Unsere Rollen sollten wir einem semi-beruflichen
oder gänzlich privaten System anpassen. Sind wir Gastgeber für ausländische Besucher, sollten wir ihnen zumindest ein Angebot zu informellen
Treffen nach Feierabend machen. Manchmal sind unsere Standards oder
Kooperationserwartungen an Menschen außerhalb unseres beruflichen
Systems so hoch, dass wir ihnen insgeheim Mal-Compliance oder fehlende

© Springer Fachmedien Wiesbaden GmbH, ein Teil von Springer Nature 2020
J. Malzacher, *Berufliche Beziehungen gestalten mit ICH-KULTUR*,
https://doi.org/10.1007/978-3-658-29975-0_4

Professionalität vorwerfen, wenn sie nicht wie erwartet liefern. Professionelle Deformation hat viele Ausprägungen. Daher ist es ratsam, unser psychisches Alltagshirn regelmäßig für einen Perspektivenwechsel zu verlassen.

Die lebenslange Entwicklung unserer ICH-KULTUR® beschäftigt sich nicht mit oberflächlicher Selbstoptimierung zugunsten besserer beruflicher Chancen. Hier geht es vielmehr um die individuelle innere Erkenntnis unseres Seins und wie dieses sich aufgrund unserer persönlichen Gegebenheiten entfalten möchte. Die zutiefst geistige, emotionale und spirituelle Beschäftigung mit unserem Selbst kann zu erhöhter Lebenszufriedenheit führen. Gleichzeitig erlaubt uns die Erkenntnisreise in unser Selbst den furchtlosen Blick in den inneren Spiegel als Driver für unsere Selbstkompetenz, für die Prävention psychischer Schwierigkeiten. Beziehungspflege mündet im erfolgreichen Gestalten des Miteinanders.

Berufliche Beziehungen gelingen wie alle menschlichen Beziehungen, wenn Individuen in einem bestimmten System mit dem Andersartigen im Gegenüber möglichst unvoreingenommen und gelassen umgehen können. Hierzu braucht es die Kenntnis unserer persönlichen Stressoren, Werte, Potenziale, Temperamente und Persönlichkeitsaspekte. Es braucht den Willen für das aus dieser Kenntnis folgende Verständnis für den Anderen und seine Gegebenheiten.

Jeder Mensch ist eine eigene kulturelle Entität. Ein echtes interkulturelles System ist zwischen zwei Menschen somit konstant vorhanden, egal aus welcher Herkunftsethnie, respektive Familienkultur beide stammen. Interkulturelle Haltung und Handlung definiere ich demzufolge holistisch und daher individualspezifisch erschöpfender als dies die soziologische Kulturwissenschaft im Sinne von „Diversity" tut. Dies betrifft vor allem auch die Fehlannahme, dass Menschen durch ihre individuellen „Denk-, Arbeitsstil- und hierarchiespezifischen Handlungspräferenzen" besonders gut oder besonders schlecht mit Mitgliedern anderer Landeskulturen umgehen könnten. Im Zuge von internationalen beruflichen Entsendungsvorbereitungen sind solche Vorstellungen erfahrungsgemäß oft Grundlage von Seminarangeboten.

Statt Vertrauensaufbau und den erfolgreichen Umgang mit zwischenmenschlichen Konflikten zu lehren, werden ethnische und landeskulturelle Unterschiede ins Zentrum gerückt. Ein Bärendienst; fördert dies doch weitere unbewusste Stereotypen, statt sie auszumerzen. Wenn beispielsweise ein deutscher Mitarbeiter eine interkulturelle Vorbereitung für seinen zweijährigen Einsatz in Shanghai erhält, erfährt er über historische Entwicklungen des Landes sowie kulturimmanente Verhaltensweisen in der dortigen Öffentlichkeit zusammen mit fremdsprachlichen Grundlagen. Hat er Glück, genießt er im Zielland eine weitere Begleitung. Nach Berichten meiner entsandten Klienten beschränkt sich diese häufig auf das Verstehen der Andersartigkeit. Die persönliche Kultur des Entsandten, seine ICH-KULTUR®, bleibt weitgehend unberücksichtigt. Somit bleibt das Lernen über die Wirkung von Instinkten sowie dem Umgang mit persönlichen Stressoren dem Zufall überlassen. Nun greift das Phänomen des „verstärkten Vorurteils". Sein mögliches Vorurteil, alle Chinesen rochen auffallend, spuckten auf den Boden und schlürften ihr Essen, um zu zeigen, dass sie es genießen, würde er im Heimatland weiter verbreiten. Er wäre überzeugt, dass er dies dort zu jederzeit von allen Chinesen erlebt habe. Dies käme dem verstärkten Vorurteil eines Amerikaners gleich, der in seiner Heimat Menschen erzählt, alle Deutschen gingen zum Oktoberfest, tränken hauptsächlich Bier und äßen Bratwurst mit Sauerkraut. Dasselbe gilt für diejenigen Deutschen, die nach ihrer Rückkehr aus den USA immer noch behaupten, alle Amerikaner seien „oberflächlich".

Bei der ICH-KULTUR® geht es um mehr als um die Aufdeckung von Unterschiedlichkeiten zwischen Landeskulturen. Wir wissen überdies, dass Menschen soziologisch und anthropologisch betrachtet mehr Gemeinsamkeiten haben als Unterschiedliches (Antweiler 2009). Das Streben der Menschen nach Selbsterkenntnis ist in seiner Popularität ungebrochen. Persönlichkeitstests auf sozialen Medien fördern das Schubladendenken und sammeln darüber hinaus durch Algorithmen weiter verwertbare Informationen über uns. Sehr gerne möchten wir eine Persönlichkeit sein, anerkannt von anderen und etwas ganz Besonderes. Gerne sehen wir den „Typen" bestätigt, als den wir uns in unserem inneren Spiegel sehen, Beobachter, Protagonist oder Erfolgsmensch. Beim „MBTI-Test" gibt es 16 Variationsmöglichkeiten (Lorber 2013). Obwohl sie als „Self-Assessment" unsere Selbstkenntnis stärken sollen, werden Messverfahren für Persönlichkeitstypisierungen von Wissenschaftlern als nicht seriös betrachtet. Eine Testung muss anlassbezogen sein, sagt Matthias Ziegler Professor für Persönlichkeitsdiagnostik (Gess et al. 2018). Anlässe sind zum Beispiel die berufliche Positionierung, Managereignung oder auch Selbsterkenntnis. Der einzig anerkannte Persönlichkeitstest ist der BIG FIVE, welcher fünf Aspekte prozentual misst und durch diese Graduierung keine Typen beschreibt. Er verdeutlicht die Unterschiede in Offenheit für Neues, Extraversion, Gewissenhaftigkeit, Verträglichkeit und Reizbarkeit.

Die Wirtschaft bedient sich einer Vielzahl psychometrischer Tests beim Recruiting und bei Potenzialanalysen. Man darf auch diese mit Skepsis betrachten, denn der Mensch ist grundsätzlich vielmehr als ein Typ und mehr als eine Testaussage. Unsere ICH-KULTUR®-Entwicklung ist daher maßgeblich für unsere Selbstakzeptanz, unsere Selbstregulation und unsere Soft

Abb. 4.1 Soft Skills 2020

Skills als Teil der Selbstkompetenz. Hierzu passt die in 2019 veröffentlichte LinkedIn-Studie über die gefragtesten Soft Skills der Zukunft (vgl. Abb. 4.1).

Wie die vier einflussreichen Facetten der ICH-KULTUR® unsere Gestaltung beruflicher Beziehungen beeinflussen, erkläre ich in Abschn. 4.1.

4.1 Der Geist in unserer Wunderlampe ist die individuelle ICH-KULTUR®

Man stelle sich vor, wir müssten uns bei zwischenmenschlichen Problemen nicht verzweifelt einen hilfreichen Geist in einer Wunderlampe ersehnen. Wäre es nicht ungemein erleichternd, wir könnten mit unserem persönlichen emotionalen und körperlichen Stress spielend umgehen? Im Handumdrehen könnten wir geübt und gelassen Tools einsetzen, die uns hülfen, Herausforderungen erfolgreich zu meistern.

- Wir hätten so viel Überblicksfähigkeit erlangt, dass wir zwischenmenschliches Konfliktpotenzial blitzschnell erahnen könnten (Helikopterblick).

- Wir hätten ein geübtes Erfolgsgespür für gelingende soziale Systeme (Innenschau).
- Wir hätten die Fähigkeit, zwischenmenschliche Konfliktlösungen durch unseren Einfluss positiv zu lenken (Umsicht).
- Wir könnten unsere Zeile leichter erreichen, indem wir die Konsequenzen unseres Handelns für uns selbst und andere abwögen(Weitsicht).
- Wir wären leicht imstande, uns unsere eigene Fehlbarkeit einzugestehen, uns dennoch zu mögen und dies ebenso bei anderen respektvoll anzuwenden (Nachsicht).

Auf der Suche nach Selbstoptimierung streben manche Menschen nach Verbesserung von Äußerlichkeiten, hoffen auf wohlgesonnene Mentoren, die ihnen vielversprechende Kontakte für die berufliche Zielerreichung verschaffen. Während sie im Außen suchen, verkümmert der Edelstein in ihrem Inneren. Ein Diamant glänzt erst durch Abrieb. Beziehungsaufbau und Pflege, und erst recht das Auflösen von Beziehungen fordern unsere höchste Aufmerksamkeit. Der Geist in der Wunderlampe ist unsere ICH-KULTUR®. Ihre Entwicklung geschieht keineswegs im Handumdrehen. Sie ist ein lebenslanger Prozess.

„Das Konzept der ICH-KULTUR® basiert auf folgenden Grundannahmen:
Jeder Mensch erfährt eine Beeinflussung durch individuelle Schicksalsfaktoren.
Jeder Mensch hat multiple Intelligenzen.
Jeder Mensch kann auf der Basis seiner körperlichen und geistigen Voraussetzungen lernen.
Jeder gesunde Mensch ist verantwortlich für seine Entscheidungen auf der Basis einer jeweiligen Situation.
Jeder gesunde Mensch kann im Rahmen der Möglichkeiten für seine eigene psychische und physische Gesundheit Sorge tragen.
Jeder gesunde Mensch kann über die für ihn voraussehbaren Konsequenzen Entscheidungen auf ihn selbst und das jeweilige System nachdenken.“
(Malzacher 2018)

Die ICH-KULTUR® dient der Selbstkultivierung als Persönlichkeitsbildung und wird beeinflusst von Schicksalseinflüssen wie zum Beispiel gesundheitsbedingten Einschränkungen, einem Leben mit/ohne körperliche Behinderungen oder dem Aufwachsen in spezifischen geografischen Sozialisationsverhältnissen, in Kriegsregionen sowie das Erleben/Nicht-Erleben von Naturkatastrophen. Schicksalseinflüsse und herausragende

Lebensereignisse sind ein grundlegender Faktor für die Entwicklung unserer Identität und ICH-KULTUR® (vgl. Abb. 4.2). Weltweit akzeptieren Psychologen die BIG FIVE als Persönlichkeitsaspekte. Hinzu kommen unsere Multiplen Intelligenzen, also unsere Potenziale, und eine Gruppe von vier Kulturvariablen, welche jeder Mensch ganz individuell entwickelt, lebt oder auch modifizieren und ablegen kann (Abb. 4.3). Dazu zählen Werte, Glücksempfinden und Stressresistenz, der Umgang mit Lebenszeit, menschliche Interaktionsbedürfnisse, Denk- und Verhaltensstile, Konfliktstile, Hierarchieorientierung, Entscheidungsverhalten Sprache und Kommunikation. Wie diese Aspekte zusammenwirken und zu unserer Selbstkenntnis beitragen, erkläre ich in Buch I dieser Trilogie, *„Mit ICH-KULTUR zum privaten und beruflichen Erfolg"* (Malzacher 2018, S. 47).

Abb. 4.2 ICH-KULTUR®

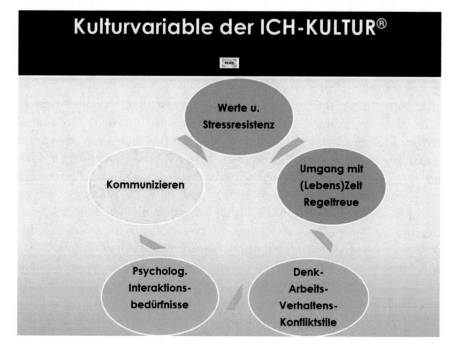

Abb. 4.3 Kulturvariablen der ICH-KULTUR®

4.2 Naturgesetze und die ICH-KULTUR®

Menschen hätten gerne den Beweis, dass der Aufbau des Universums oder unsere Welt/unser Planet einer bestimmten Ordnung, einer Naturordnung unterliegt. Naturgesetze gelten unabhängig von Menschengemachtem. Sie sind wahr und nicht veränderbar. Sie beschreiben beobachtbare physikalische Zusammenhänge und Regelmäßigkeiten. Die Mathematik formuliert sie sprachlich mit Allaussagen wie „Die Erde ist rund" oder „Alle Körper besitzen Masse". Beobachtbare Regelmäßigkeiten liefern jedoch noch lange keine Erklärungen (Vollmer 2000). Ein Naturgesetz hat den Anspruch, logisch und allgemein zu sein, ohne kontextabhängige Indikatoren. Laborbedingungen gibt es bei Naturgesetzen nicht. Daher bestimmen Ausnahmen die Regel. Ist die Regel tatsächlich die Wirklichkeit? Als Naturgesetz gilt zum Beispiel das Gravitationsgesetz, obwohl Gravitation eine Beobachtung ist und keine finale Erklärung liefert, warum sich Massen anziehen. Werner Heisenberg, Physiker und Nobelpreisträger, sagte, der Beobachter bestimme das Resultat (Heisenberg 1969). Ihn beschäftigten dabei auch religiöse und philosophische Sichtweisen. Menschen sind die

Beobachter. In der Philosophie scheiden sich die Geister über die „Allaussagen" der Naturgesetze. Dennoch werden beobachtete Regelmäßigkeiten als Naturgesetze für Voraussagen und wissenschaftliche Grundlagen angenommen. Hierzu gehören reale Systeme wie Atome, Zellen, Kristalle, Lebewesen oder Ökosysteme.

Entropie, die reaktionstreibende Kraft in Systemen, beschreibt die Tatsache, dass Unordnung wahrscheinlicher ist als Ordnung. Ordnung hat weniger kreative Kraft als Unordnung, da viele Beziehungen zu den Systemelementen möglich sind. Ordnet man beispielsweise Zahlenreihen, gibt es nur 1 – 2 – 3 – 4 usw. Entsteht eine Unordnung, ergibt sich eine Vielzahl von Kombinationen wie 1–4, 1–3, 3–2, usw. In einem isolierten System ist Entropie das Maß für Stabilität. Daher akzeptiert die soziologische Systemtheorie auch die allgemeine Tendenz zur Veränderung in Systemen, wie die Veränderung sozialer Ministrukturen. Naturgemäß geht mit Veränderungen Informations- und Strukturverlust einher. Weil Menschen auf Stabilität hoffen, fürchten sie sich vor Veränderungen, setzen häufig auf Bewahren statt Riskieren.

Mancher in der Beraterszene bedient sich gerne der Naturgesetze für die Reflexion über menschliches Verhalten, hier beispielsweise des Gesetzes der Wechselwirkung, des Ohm'schen Gesetzes, des Satzes des Pythagoras für das rechtwinklige Dreieck ($a^2 + b^2 = c^2$) oder des Gesetzes der Schwingung.

ICH-KULTUR® beschäftigt sich mit realen Makro- und Mikrosystemen und der Wirkung des Menschen darin. Hier geht es um das Lernen über sich selbst, die Kultivierung der Eigenwahrnehmung statt um die Wirkung übermenschlicher Einflüsse. Wir selbst sind Natur. Als Teil der Natur und der dort beobachteten Regelmäßigkeiten haben und entwickeln Menschen ihre eigenen Gesetzmäßigkeiten. In der Folge entstehen Potenziale, Interessen und interpersonelles Verhalten innerhalb jeweiliger Rollen und Systeme. Betritt ein Mensch unser systemisches Geschehen, fällt es uns oft schwer, dessen persönliche „Gesetzmäßigkeiten" zu akzeptieren. Hier gelten oft Variablen mit dem Ergebnis „1 + 1 = 5". Gänzlich individuelle Grundlagen im Individuum entscheiden über gelingende Beziehungen. Immer sind diese entwicklungsabhängig, befinden sich auf individuellen Ausprägungslevels. Der Mensch selbst befindet sich dabei auf individuellen Bewusstheitsebenen.

Jeder Mensch ist ein Unikat mit einer ebenso einzigartigen ICH-KULTUR®. Sie sollte verstanden, angewandt und bewusst stetig weiterentwickelt werden. So tragen wir zu einem gesundheitsorientierten und nutzbringenden Zusammenleben und Arbeiten bei. Warum ihre Kenntnis nicht nur für die Führung von Mitarbeitern unerlässlich ist, sondern auch für alle Menschen, denen Persönlichkeitsbildung wichtig ist, erkläre ich am folgenden Beispiel.

Mine ist die Protagonistin der Begleitgeschichte in dieser Buchreihe. Sie wuchs in einem gut situierten, prinzipientreuen süddeutschen Elternhaus auf. Heute ist sie Mitte 40. Ihr jüngerer Bruder stürzte drogenabhängig ab, wurde als Fremdkörper sowohl von ihrer Familie als auch von ihrem Mann ausgeschlossen. In der Folge ignorierte sie ihn ebenfalls. Angepasst mit einem bewahrenden Denkstil übernahm Mine das Familienunternehmen nach dem Tod des Onkels und leitete es auf ähnliche Weise. Ihre Motivation für die Unternehmensführung speiste sich ursprünglich aus dem Pflichtgefühl, die Firma als Familienunternehmen weiter existieren zu lassen. Ihr größtes Interesse galt innovativen Produkten und technologischen Neuerungen. Wenn Mitarbeiter Probleme machten, sah sie dies als Hemmschuh im Tagesablauf. In der Beziehung zu ihrem eben pensionierten Ehemann fühlte sie sich unterlegen und nicht ernst genommen. Sie hatte großen emotionalen Stress. Als frischer Pensionär befand sich ihr Mann in einer bedeutenden Veränderungsphase. Konflikte, egal welcher Natur, bewirkten in Mine ein Schuldgefühl. Emotional war sie schwer belastet. Konstruktives Nachdenken misslang ihr. Auch die Arbeit machte ihr keinen Spaß mehr. Hilflos suchte sie sich eines Tages die professionelle Begleitung eines IPC® Consultants und erkannte, dass ihr unreflektiertes Verhalten zu emotionalen Sackgassen geführt hatte. Nun lernte sie die Kulturvariable ihrer ICH-KULTUR® kennen und verabschiedete sich zunehmend motiviert von eingefahrenen, dysfunktionalen Verhaltensweisen. Sie erkannte ihren Denkstil, überprüfte ihre sozialisierten Glaubenssätze und Werte (Kulturvariablen). Dennoch konnte sie ihre partnerschaftlichen Probleme nicht lösen. Eines Tages trennte sie sich von ihrem Mann. Unterdessen traf sie einen Menschen, der sich ebenfalls in einer aussichtslosen beruflichen Situation befand. Eine unterstützende Beziehung entwickelte sich zwischen ihr und Gert Simon. Beide tauschen sich freundschaftlich über ihre Entwicklungserkenntnisse aus und lernen voneinander. Als Kern jeder wertvollen Beziehung kann diese Art sozialer Unterstützung als großes Geschenk gesehen werden.

Was einmal aussichtslos erschien, veränderte sich für Gert Simon und Mine zu einer motivierten Lebensperspektive. Die stark unterstützende, freundschaftliche Beziehung mit wenig intentionaler Reflexion führte bei beiden zu positiveren Gedanken und neuer Motivation. Gert Simon erkennt Potenziale, seine Multiplen Intelligenzen. Mine fühlt sich selbstsicherer, indem sie bei den Treffen mit Gert Simon Vertrauen schöpfen kann. Er selbst entwickelt mehr Eigenbewusstheit. Naturgesetze und einige

Aspekte seiner ICH-KULTUR® lernt er bei seiner Indienreise kennen. Beide erreichen weitere Ebenen ihres Selbstrespekts, üben Umsicht, Rücksicht und Nachsicht, fühlen sich glücklicher. Wer sich froh, ja glücklich fühlt, strahlt dies auf seine Umgebung aus. Systemisch gesehen beeinflussen wir jeden Raum. Genetik entwickelt sich evolutionär viel langsamer als Kultur. Wenn wir die wissenschaftlichen Beschreibungen von Regelmäßigkeiten als Naturgesetze und Ausnahmen dieser Regelmäßigkeiten akzeptieren, dürfen wir annehmen, dass alles schwingt, dass die einzige Konstante in der Welt und im Universum die Veränderung ist, dass Polaritäten beobachtet werden und es Wechselwirkungen gibt. So kann es uns auch gelingen, herausragende oder schwierige Lebenssituationen zu meistern. Unsere beruflichen Beziehungen brauchen nicht unter unseren privaten Herausforderungen zu leiden.

4.3 Wie Major Life Events Beziehungen beeinflussen

Das Naturgesetz der Schwingung besagt: „Alles ist in Bewegung". Selbst im menschlichen Körper geschieht Veränderung permanent und unaufhörlich. Wenn wir dies verstehen, gelingt es uns möglicherweise besser, mit von außen auferlegten Veränderungen umzugehen, indem wir uns zu einem bewusst gewählten Grad an Situationen anpassen. Unangenehme Situationen im Arbeitsalltag enthalten in unserer freien Welt zu jeder Zeit die Option „Love It – Change It – Leave It". Burnout kann vorgebeugt werden. Volition, der unbedingte Wille, seine Selbstkompetenz zu entwickeln, ist als Präventiv wesentlich. Der Schlüssel ist Persönlichkeitsbildung mit Aufmerksamkeit und Achtsamkeit als Begleiter. Hier können uns die Naturgesetze zum umfassenderen Verständnis helfen.

Gepaart mit enormer Bewegtheit und rasender Geschwindigkeit entstehen neue Technologien, die der Mensch immer weniger überblicken kann. Sprache verändert sich. Neue Termini entstehen, kommen noch ungeordnet in der Gesellschaft an. Menschen benutzen immer häufiger Vokabeln aus ihrer sozialen Umgebungssprache oder beruflichen Fachsprache, nicht ahnend, dass andere diese nicht verstehen. Während die Gesellschaft sich offensichtlicher denn je verändert, entstehen neue Sichtweisen auf schon längst Bekanntes. Wer sich als „Cisgender" bezeichnet, erkennt öffentlich „Transgender" als respektierte Geschlechtszugehörigkeit an, während er/sie sich selbst zum weiblichen/männlichen Geschlecht zählt.

Jemand, der sein biologisches Geschlecht nicht anerkennen kann und sich dem jeweils anderen Geschlecht zugehörig fühlt, nennt sich „Transgender". Wenn die Anerkennung der Gemeinschaft für derartige Zugehörigkeit fehlt, können betroffene Menschen psychische und existenzbedrohende Beschwerden entwickeln. Ein „Major Life Event" wäre hier die individuelle Erkenntnis der geschlechtlichen Orientierung und das Coming-Out.

ICH-KULTUR® ist zwar ein Erkenntnistool, regt jedoch als Entwicklungstool Menschen an, andere entsprechend ihrer Bedürfnisse respektvoll zu behandeln. Dies ermöglicht einen Perspektivenwechsel, damit beiderseitige Entwicklung stattfinden kann. Für alle Menschen, die andere professionell begleiten, halte ich es für wesentlich, dass diese sich für die Person ihres Mitarbeiters, Schülers oder Pflegebedürftigen interessieren. Menschliche Beziehungen beeinflussen die Persönlichkeitsbildung gegenseitig. Wir lernen und entwickeln uns zu jeder Zeit bis ins gesunde hohe Alter. Die Richtung bestimmen wir selbst.

Wenn Major Life Events als herausragende Lebensereignisse und in Form von Schicksalseinflüssen geschehen, haben wir diese entweder selbst initiiert oder sie wirken von außen auf uns ein. Hierzu gehören positive und negative Ereignisse. Unsere Hochzeit, die Geburt eines Kindes, unser Schulbeginn oder der Start einer neuen beruflichen Laufbahn zählen zu solchen Großereignissen. Negative Ereignisse wie Behinderungen, chronische Erkrankungen, schlechte Erfahrungen mit Kollegen oder Führungskräften, eigene Erkrankungen oder Pflegesituationen im häuslichen Umfeld, Traumata etc. wirken sich oft auf die Leistung bzw. Fehlzeiten des Betroffenen aus.

Psychologen erforschen, wie Major Life Events die Persönlichkeit, also die BIG FIVE, verändern könnten (Specht 2011). An dieser Stelle sei erwähnt, dass Führungskräfte eine besondere Verantwortung für ein gelingendes berufliches System haben. Gleichzeitig sei bemängelt, dass Führungskräfte von ihren Coachs während Maßnahmen zur Professionalisierung über die Einflussfaktoren persönlichkeitsbestimmender Ereignisse nach meiner Erfahrung kaum genügend Kenntnisse erhalten. Aufgrund hoher Burnout-Fälle und der inzwischen notwendigen Gesundheitsorientierung brauchen auch Coaches erweitertes Wissen. Wenn beispielsweise ein Mitarbeiter privat mit dem überraschenden Verlust eines Nahestehenden umgehen muss und nicht gelernt hat, mit emotionalem Stress solcher Art umzugehen, könnte dieser in ein tiefes emotionales Loch fallen. Es könnte sein, dass seine damit verbundene Minderleistung als Faulheit missverstanden wird. Manch einer wird selbst von Business Coaches als desorientiert abgestempelt und zum Psychiater empfohlen. Auch Business

Coaches brauchen umfassendere Kenntnisse über holistisches Zusammen-wirken. Demgegenüber genießt Gesundheitsschutz in allen Organisationen einen erhöhten Stellenwert. Somit erübrigen sich Bemerkungen über Menschen, die durch Major Life Events kurzzeitige Verhaltensver-änderungen zeigen.

Der stetige Rhythmus zwischen Veränderung und Anpassung bringt Positives oder Negatives, entsprechend den Bedürfnissen und der Gestimmt-heit des Betroffenen. In Anerkennung dieses Rhythmus als Naturgesetz können Menschen lernen, mit zunächst unwillkommenen Situationen umzugehen. Das folgende Beispiel zeigt dies eindrücklich.

Karin Z., die langjährige rechte Hand ihres Chefs, fiel in ein tiefes Loch, als er das Unternehmen verließ. Die Organisation der Übergangs-phase zu dessen Nachfolger war für sie zudem ein Kulturschock. Der wenig gesprächige Nachfolger war sich seiner Wirkung nicht bewusst. Ihre starke Unsicherheit und ihr Perfektionsanspruch, fehlende offene und erleichternde Gespräche mit dem Nachfolger über dessen Arbeitsweise und Informationspolitik trugen zur großen Unzufriedenheit meiner Klientin bei. Negative Gefühle wie Ärger, Frust und Trauer über die veränderte Situation machten sie ungnädig. Zusätzlich befand sie sich in einer familiären Krise, die zur gleichen Zeit ihren Umzug in eine andere Stadt veranlasste. Jetzt musste sie lange Fahrstrecken und morgendliche Staus zur Arbeitsstelle in Kauf nehmen. Rahmenbedingungen hatten sich für die Klientin drastisch verändert. Eingespieltes stoppte abrupt. Ihre sich häufenden gesundheit-lichen Schwächen mögen Zeichen ihres inneren Widerstandes gewesen sein. Fünfzehn Monate später hatte sie sich gefangen. Ihr neues Verständnis über Einflussmechanismen in die Gestaltung unserer Beziehungen half ihr, nach-sichtig und gütiger mit sich selbst umzugehen. Sie lernte, wie sich unerfüllte Erwartungen, ihre Konfliktstile und eingefahrene Kommunikationsmuster negativ auf ihr Gegenüber auswirkten.

Selbst- und beziehungskompetenter Umgang mit anderen fordert Umsicht, Weitsicht und zuallererst Einsicht. Das „ELAN-Kleeblatt der Kommunikation" sowie das ELAN-HAND-Modell (Malzacher 2019) ver-halfen der Klientin im Alltag zu mehr Aufmerksamkeit in ihrer beruflichen Umgebung, und schließlich auch privat. In der Folge führte sie zufrieden-stellende Gespräche mit ihrem Chef. Schließlich verhalfen ihr die Sessions zu ihren beiden Verlusterlebnissen mit ihrem IPC® Coach zu mehr Durch-blick. Sie zeigte sich sehr dankbar und wertschätzend.

Im Stress fallen wir durch unsere negative emotionale Energie leicht in alte Muster zurück. Die rationale Erkenntnis, jedoch, die die Klientin durch beide Veränderungssituationen erfuhr, wird es ihr unmöglich machen, ihre

Bewusstheit wieder auf den Punkt davor zurückzusetzen. Sie konnte sich arrangieren, die ungewohnten Verhaltensweisen ihres Chefs immer leichter akzeptieren. Während ihres Feedbacks an den Chef artikulierte sie ihren Wunsch, für ihre Alternativvorschläge kein unmittelbares „Nein" zu ernten. Willig ließ sich ihr Chef darauf ein. Über die Zeit einigten sich beide auf die Intention, auf den anderen zuzugehen und eine vertrauensvolle Beziehung anzustreben.

Kennen Sie die Aussage, der Flügelschlag eines Schmetterlings könne einen Taifun auslösen? Unser Verhalten, die Kommunikation eines Menschen in Beziehungen, kann ebenfalls Kettenreaktionen auslösen. Unsicherheit und Ängste steigern unsere Empfindsamkeit. Was wir tun, nicht tun oder aufschieben hat Wirkung. Die Schmetterlingsanalogie stammt vom Physiker Werner Heisenberg. Er war ein begabter Klavierspieler. Sein ganzes Leben lang suchte er nach der Wirklichkeit und den kleinsten Bausteinen der Schönheit der Natur. Er liebte Goethe, der Natur die göttliche Ordnung nannte. Das Ganze könne man unter dem Sternenhimmel erahnen (Kleinknecht 2019). Seine Bedeutung gewinne ein Atom nur durch die Verbindung mit allem. Die Wirklichkeit sei keine objektiv berechenbare Realität, sie sei vielmehr abhängig von uns als Mitschöpfer, so Heisenberg. Die Bahn der Elektronen im Atom entstehe erst dadurch, dass wir sie beobachteten. Somit ist die Wirklichkeit Potenzialität. Vielmehr sei möglich, als wir denken. Menschen wollten jedoch eine vertraute berechenbare Wirklichkeit. Noch immer sind Forscher auf der Suche. In Cern, Schweiz sucht man immer noch die Beschreibung der Kräfte heraus aus einer ursprünglichen Kraft, nach Ursache und Wirkung als Naturgesetz. Möge es uns gelingen, wie Werner Heisenberg an Möglichkeiten zu glauben, statt an Unmögliches.

4.4 Die Lüge als Beziehungskiller

Die Lüge ist in den letzten Jahren offenkundig gesellschaftsfähig geworden. Ernannte Autoritäten, gewählte Repräsentanten der Gesellschaft, lügen schamlos was das Zeug hält. Im Kleinen lügen Konzern- und Firmenchefs, Mitarbeiter, Freunde und Familienangehörige ebenfalls indifferent gegenüber jeglicher Entlarvung. Moralische Werte verschwinden in unserer Gesellschaft immer stärker hinter egoistischen Zielen. „Fake News" wurde zum „Buzzword". Internationale und private Beziehungen gehen zu Bruch, weil eigene Interessen über den Interessen der bestehenden Gemeinschaft stehen. Der höchste US-Repräsentant und seine Gefolgsleute scheinen die raffinierte Lüge als erstrebenswerten Skill für die eigene Zielerreichung zu schätzen. Sich durch Gruppenzugehörigkeit zu profilieren, andere zu diskriminieren und zu unsittlichen Taten bereit zu sein, hat in der zu Ende gegangen Dekade auch in Deutschland gefühlt einen neuen Höhepunkt erreicht. Das Trennende wirkt stärker als das Verbindende.

Die Moral hat ihre exklusive Bedeutung verloren. Wo bleibt die Sicherheit, die uns Immanuel Kant in der Aufklärung erklärte? „Die Aufklärung ist der Ausgang des Menschen aus seiner selbst verschuldeten Unmündigkeit. Unmündigkeit ist das Unvermögen, sich seines Verstandes ohne Leitung eines anderen zu bedienen." (Cassirer2007)

Bekanntlich ist es schwer, aus den Fehlern und Erkenntnissen der Vergangenheit zu lernen, weil unser Gehirn selbst Erfahrungen machen muss. War unser Geschichtsunterricht so langweilig, dass wir uns an die riesige Aufklärungsbewegung um 1650–1800 nicht erinnern? Während dieser gesellschaftlichen Reformbewegung wurden „Vernunft" und „Nützlichkeit" zu einem geistigen zentralen Maßstab für Menschen im Diesseits. Man glaubte an Fortschritt, besprach Neuerungen in privaten Salons, gründete Lesegruppen und gemeinnützige Gesellschaften. Naturwissenschaftliche Akademien entstanden, Vorurteile wurden bekämpft. Gedanken und Wissenschaft wurden nun öffentlich geteilt, Fakten ausgetauscht. Lange schon hatte der Buchdruck diesen Impuls gegeben. Als aufgeklärter Mensch im Einklang mit der Welt zu leben, wurde zum Maß. Beziehung zur Natur, die Beziehung zu anderen Menschen, die Gemeinschaft unter Gleichgesinnten wurden wichtig (Cassirer 2007).

Adolph Freiherr Knigge schrieb „Über den Umgang mit Menschen". Kein Buch für Etikette waren seine Schriften; vielmehr galten hier als Grundpfeiler einer menschlichen Gemeinschaft Moral und Weltklugheit. Geselligkeit, Nachgiebigkeit, Wachsamkeit, Geschmeidigkeit im Umgang mit Menschen waren unter anderem die Werte, welche er für das Zusammenleben in der Gesellschaft als hilfreich und wichtig erachtete (Knigge 2002).

In Unternehmen gab es einmal eine Leitbildbewegung. Mitarbeiter stehen Leitbildern erfahrungsgemäß schon immer argwöhnisch gegenüber. Oft wird mir erklärt, man glaube nicht, was sie verkörperten, weil Führungskräfte sie nicht lebten. Manch einer sieht auch heute noch im Leitbild eine Lüge zugunsten einer positiven öffentlichen Darstellung des Unternehmens. Während wir wissen, dass Misstrauen und Argwohn als Beziehungskiller die allgemeine Stimmung dämpfen, tun Mitarbeiter durch eigene Handlungen nicht viel für ihre Verbesserung. Lieber überlassen sie dies Vorgesetzten.

In Zeiten „Agiler Führung" möchten solche Muster aufbrechen, wird von Teammitgliedern selbstkompetente Verantwortung und beziehungskompetente Wahrhaftigkeit gefordert. Hierarchieorientierte Ausflüchte bei fehlendem Gemeinschaftssinn stehen im Wege. Wir befinden uns sozusagen an einer Schwelle einer „Reform der Aufklärung im Digitalen Zeitalter".

4.5 Wahrhaftigkeit – ein gesellschaftlicher Gradmesser

Wahrhaftigkeit als Grundprinzip einer „Reform der Aufklärung im Digitalen Zeitalter" ist für mich ein gesellschaftlicher Gradmesser.

Wenn Menschen in Zeiten der Erwartung einer totalen Digitalisierung mehr und mehr unwissentlich Manipulationen durch „Social Media" oder Überwachungsstaaten wie China zum Opfer fallen, sollte sich jeder fragen, was ihm in seinem kurzen Leben wichtig ist. Er sollte sich überdies fragen, was ihm als Erdenbürger und Mitglied einer staatlichen und kommunalen Gemeinschaft wichtig ist. Inwiefern er zum Gelingen dieser Gemeinschaft selbst beitragen kann, statt sich wie eine Arbeiterameise in der menschlichen Gemeinschaft zu verhalten, verlangt ebenfalls Antworten. Arbeiterameisen dienen uneigennützig dem Wohle ihrer Königin. Wir leben in einer Demokratie, die in Beziehungspflege aufrecht gehalten werden will. Jedes Mitglied dieser Gesellschaft ist gefragt, zu jeder Zeit seinen Beitrag für das Gelingen dieser zu leisten.

Als Individuen lernen Menschen heute, sich selbst besser im Auge zu haben, um lauernden Gefahren zu entkommen. Sich schützen ist ein einseitiges Geschäft. Wir haben auch die Verantwortung, proaktiv für das Gesamtwohl zu agieren. Stattdessen geht der Trend weg vom Gemeinschaftsgefühl und hin zum puren Eigennutz. Dies zeigt sich im Geschäftsalltag in unverbindlichem Verhalten bei Terminabsprachen, bei kurzfristigen Absagen wegen überraschender Prioritätsänderung, in Ausreden und Lügen bei Nichteinhaltung von Zusagen sowie bei fehlender Zahlungsmoral. Wahrhaftigkeit und Verlässlichkeit verfliegen wie vorbeiziehende Wolken der Vergangenheit. Gemeinschaften, in denen man heimatlichen Halt sucht, wie Familie, Vereine, Clubs, werden zum Lügensumpf. Die Komplexität des Menschlichen im Visier, berichte ich hier über eine weitere einfache Begebenheit beruflicher Unehrlichkeit und ihre Folgen.

Unsere Beispielfirma handelt im Internet mit Produkten, welche im Ausland hergestellt werden. Ihr Interesse gilt einfachster Machart und minderwertigen Produktmaterialien. Das Marketing ist jedoch ausgerichtet auf ein besonders wertvolles Erscheinungsbild zu niedrigen Konsumentenpreisen. Der geneigte Käufer vertraut den akzeptablen Preisen und den exklusivsten Produktbildern mit wertvoller Beschreibung. Mitarbeiter dieser Firma kennen die schlechte Qualität, tragen mit ihrem Internetvertrieb jeden Tag aufs Neue bei, lügen eigennützig. Aus Angst vor dem Jobverlust oder in Existenznot handeln Menschen unmoralisch. Unmündig und integritätslos belügen sie sich schließlich selbst, während sie einen Kreislauf der Unwahrheiten in ihrer beruflichen Gemeinschaft unterstützen. Mag sein, dass sich ihre beruflichen Beziehungen dadurch verstärken. Jeder frage sich selbst, welche Bedeutung er seiner Integrität beimisst. Gehen wir auf einen kurzen Kant'schen Exkurs.

4.6   Kant und der Kategorische Imperativ

Wenn, wie im Falle der momentanen Weltpolitik, Unmoral das eigene Machtstreben begünstigt, brauchen wir die Erinnerung an ICH-KULTUR®. Als Teil ihrer Kulturelemente erinnern uns abendländische Werte an das Kant'sche Prinzip des „Kategorischen Imperativs" (Cassirer 2007). Noch vor 40 Jahren wurde er als Teil des humanistischen Bildungskanons der gymnasialen Oberstufe in Deutschland unschwer von Lernenden erinnert. Heute wissen meine Studenten und Seminarteilnehmer ihn kaum einzuordnen.

Hier eine Erinnerung. In der „Grundlegung zu Metaphysik der Sitten" erklärt Immanuel Kant, der Mensch könne sich selbstbestimmt durch seinen Wille für Handlungen entscheiden, welche richtig seien, wenn sie mit der Vernunft und den Naturgesetzen vereinbar wären. Der kategorische Imperativ lautet: „Handle nur nach derjenigen Maxime, durch die du zugleich wollen kannst, dass sie ein allgemeines Gesetz werde." Dies ist jedoch nicht gleichbedeutend mit „Was du nicht willst, dass man ich dir tu, das füg auch keinem anderen zu." (Cassirer 2007)

Kant meinte vielmehr, wir sollten unser Denkvermögen einsetzen und uns selbst praktische, „vernünftige" Regeln geben. Wenn diese Regeln zu einem allgemeinen Gesetz würden, fiele es uns leicht, sie konsequent zu verfolgen. Unser Gewissen hätte so keine Not. Diese Selbstbestimmtheit nennt man Autonomie. Naturgesetze, sofern sie durch Gelehrte als solche bestätigt werden, gelten immer und ausnahmslos (vgl. Abschn. 4.2). Die Vernunft des Menschen ist kein Naturgesetz. Sie einzusetzen, braucht unseren unbedingten Willen. Halten wir unsere so gegebenen Regeln ein, können wir mit anderen gut zusammenleben. Kant spricht jedoch nicht über Emotionen und deren extraordinäre Wirkung auf unsere Entscheidungen.

In Zeiten fehlender respektvoller Umgangsformen ist eine erneute Beschäftigung mit dem „Kategorischen Imperativ" dringend notwendig. Mündige Selbstkompetenz erfährt Bewusstheit, gegebenenfalls eine Steigerung. Sie benötigen wir, wenn wir wertvolle statt flüchtige berufliche Beziehungen eingehen möchten, damit wir andere gesundheitsorientiert führen.

Literatur

Antweiler C (2009) Heimat Mensch – Was uns alle verbindet. Murmann Publishers GmbH, Hamburg

Cassirer E (2007) Die Philosophie der Aufklärung. (1932). Meiner, Hamburg

Gabriel M (2017) ICH ist nicht Gehirn – Philosophie des Geistes für das 21. Jahrhundert. Ullstein, Berlin

Gess C, Geiger C, Ziegler M (2018) Social-scientific research competency: validation of test score interpretations for evaluative purposes in higher education. European Journal of Psychological Assessment

Heisenberg W (1969) Der Teil und das Ganze. R. Piper & Co., München

Kleinknecht K (2019) Werner Heisenberg: Ordnung der Wirklichkeit. Springer, Berlin

Knigge A (2002) Über den Umgang mit Menschen. Neudruck der fünften Auflage, Reclam Verlag, Ditzingen

Lorber L (2013) Menschenkenntnis – Der große Typentest: So entschlüsseln Sie die Stärken und Schwächen. Beck, München

Malzacher J (2018) Mit ICH-KULTUR zum privaten und beruflichen Erfolg. Springer Gabler, Wiesbaden

Malzacher J (2019) Mut in der Arbeitswelt durch ICH-KULTUR. Springer Gabler, Wiesbaden

Specht J (2011) Stability and change of personality across the life course: The impact of age and major life events on mean-level and rank-order stability of the Big Five. J Pers Soc Psychol 101:862–882

Vollmer G (2000) Was sind und warum gelten Naturgesetze? Philosophia Naturalis, No 37. Frankfurt a. M., Klostermann2/2000

5

Der selbst- und beziehungskompetente Weltbürger

Meine nicht repräsentative Umfrage zum mündigen, selbst- und beziehungs-kompetenten Weltbürger ergab Folgendes. Circa 30 selbstständige Unternehmer, Mitarbeiter, internationale Führungskräfte und Lehrpersonen sollten ohne lange nachzudenken ihre Meinung dazu abgeben. In 2019 fragte ich:

„Wie definierst du einen mündigen, selbst- und beziehungskompetenten Weltbürger?"

Die hier ausgesuchten Reaktionen von Menschen mit hoher Lebens-erfahrung mögen, liebe Leser, zur Formung Ihrer eigenen Vorstellung beitragen.

- **Person A.** „Der mündige Weltbürger denkt heute in unserer vernetzten Welt in globalen Zusammenhängen und sieht die gesamte Menschheit als politische Einheit. Er begegnet anderen auf Augenhöhe mit einem eigenen gesunden Selbstbewusstsein."
- **Person B.** „Somebody mature enough to trust his/her own judgement but without being judgmental in a negative sense of those who differ in opinions, culture, abilities, etc. Having self-confidence, but willing to listen and learn to be challenged by others. Knowing how much he/she doesn't know, yet without feeling worthless, able to connect with others appropriately, according to the situation; so balanced that openness and risk are possible. A mature person could pick the better time to say what

© Springer Fachmedien Wiesbaden GmbH, ein Teil von Springer Nature 2020
J. Malzacher, *Berufliche Beziehungen gestalten mit ICH-KULTUR,*
https://doi.org/10.1007/978-3-658-29975-0_5

they want to say. The art lies in recognizing that something should and can be said but also when it is most effective to say it."

- **Person C.** „Ein offener, positiver, toleranter Wanderer zwischen den Kulturen, Religionen und Gesellschaften. Er kann mit negativen Emotionen wohlwollend umgehen."

- **Person D.** „Mündig ist ein Bürger dann, wenn er sich im Einklang oder Gleichgewicht befindet in der Durchsetzung seiner als gerecht empfundenen Interessen, gleichwohl abwägend und respektierend, dass es andere, konträre Interessen geben mag und das Zusammenleben und das Durchsetzen eigener Interessen das Eingehen von Kompromissen bedarf. Wutbürger sind nach meinem Verständnis keine mündigen Weltbürger."

- **Person E.** „Ein Mensch, der selbstsicher seine Werte lebt und mit Herz, Umsicht und Empathie handelt. Sein eigenes Verhalten reflektiert er, lernt daraus und tritt Mitmenschen mit Toleranz und Respekt gegenüber."

- **Person F.** „Der Begriff Weltbürger ist aus meiner Sicht von gestern."

- **Person G.** „Optimistischer Realist."

- **Person H.** „Der Begriff Weltbürger wird sicher von sehr vielen Menschen falsch interpretiert, wenn sie wegen zu wenig Geld die Welt nicht bereisen können. Trotzdem können sie Weltbürger sein, indem sie neugierig und wohlwollend auf ihm fremde Kulturen reagieren.

  – Er ist (möglichst) jederzeit bei sich, überlegt und kommuniziert so, dass sein Gegenüber ihn versteht. Neidische, ängstliche und hassende Menschen kann man wunderbar lenken, da sie in diesen Zuständen Ihre Eigenverantwortung und Selbstbestimmung ablegen.

  – Der Weltbürger versucht, sich in andere Menschen hineinzuversetzen und die Dinge auch aus ihrer Warte zu betrachten. Kritisch, selbstkritisch, aber ohne Hass und Angst, im Abgleich mit den eigenen Werten sollte er die Welt betrachten. So kann ein liebevoller Dialog entstehen, der wertvolle Früchte für alle hervorbringt."

- **Person I.** „Er trifft Entscheidungen für sich und/oder die ihm anvertrauten Menschen. Er kann diese Entscheidungen jederzeit vertreten. Reaktionen und Konsequenzen kann er aushalten, Fremde in ihrem ganzen Wesen sehen, ohne Vorurteile zu hegen. In einer Beziehung sucht er die Augenhöhe."

- **Person J.** „Er ist grundsätzlich von empathischer Neugier für andere getrieben. Er ist dankbar und liebevoll. Er weiß, wie er sein möchte und trifft gerne auf fremde Kulturen. Gelassen akzeptiert er, dass alles komplizierter ist, als er es sich wünscht."

- **Person K.** „Ein Mensch, der mit sich selbst und anderen gut umgeht, der respektvoll und tolerant ist und trotzdem klare Grenzen zieht. Er steht zu sich, interessiert sich für Politik und das Weltgeschehen, äußert frei und ohne andere zu verletzen seine Meinung. Er gesteht Fehler ein. Mit Empathie sucht er bei Konflikten Lösungen und engagiert sich ehrenamtlich im Rahmen seiner Möglichkeiten."

Beim Lesen dieser Auszüge, erkennen wir unschwer, welche mentalen Ideale wir in uns tragen, geleitet vom Wunsch an deren Erfüllung. Leben wir diese Ideale denn selbst? Erinnern wir uns zu jeder Zeit, dass eine Balance zwischen Geben und Nehmen nicht leicht erreichbar ist? Wie wir uns selbst sehen möchten hat kolossale Auswirkung auf unsere ICH-KULTUR®-Entwicklung. Bekanntlich beeinflussen unsere innere Haltung, unsere bewussten und unbewussten Vorurteile (Stereotype) und darauf folgende Handlungen die Gedanken anderer.

Berufliche Beziehungen und ihre Auswirkung sind daher elementar für unser Wohlgefühl. Lebenswesentlich ist daher, Einschätzungen wie oben in die Waagschale zu legen, offenbaren sie doch wie Menschen Semantik, die sprachliche Bedeutung, bestimmter Begriffe verwenden.

Weltbürger wird in unserem Sprachraum mit „Kosmopolit" übersetzt, ein Fachterminus der Philosophie. Lexika geben uns ein gemeinsames Verständnis über Dinge. Erliegen wir nicht der Versuchung, einen Menschen als Kosmopoliten zu bezeichnen, nur weil er täglich im Internet oder international unterwegs ist? Dasselbe gilt für die Bezeichnungen „selbstkompetent" und „beziehungskompetent".

Mündigkeit ist in der Pädagogik eine Zielvorstellung. Nach Weber ist sie „die Fähigkeit, aus eigener Vernunft, gestützt auf Einsicht und kritisches Urteil durch selbständige Entscheidungen verantwortlich zu führen. Dies schließt auch ein fortwährendes Bemühen der gesellschaftlichen Lebensverhältnisse mit ein, da die individuelle Mündigkeit auf die gesellschaftliche Mündigkeit angewiesen ist" (Weber 1999).

Selbstkompetenz, auch Humankompetenz genannt, ist die Kompetenz, sich selbst zu kennen und zu erfahren, über sich selbst zu bestimmen und sein Leben auf der Basis allgemein-menschlicher Verbindlichkeiten selbst zu gestalten (Roth 1971). Als Skill kann Selbstkompetenz entwickelt werden.

Sehen Sie sich nun als selbstkompetenten, mündigen Weltbürger? Manipulation durch Menschen hat bei Ihnen keine Chance? Gehen Sie mit allen Menschen auf Augenhöhe um? Leben die Antwortenden Einsicht, Umsicht, Weitsicht und Nachsicht, wie sie es sich durch die gelieferten Definitionen wünschen? Stetiges Hinterfragen führt auch zur kritischen

Auseinandersetzung mit den Gefahren menschengemachter Kultur, wie zum Beispiel Algorithmen. Weil diese versteckt und ungleich schwerer aufzudecken sind, sollten wir unsere persönliche Selbst- und Sozialkompetenz in stetiger Aufmerksamkeit durch Selbstkultivierung dringend in intensiven Augenschein nehmen.

5.1 Warum wir Selbstkultivierung dringend brauchen

Moralische Fehltritte durch sozial oder politisch einflussreiche Menschen und gleichsam unkultiviertes Verhalten bestimmen häufig die Schlagzeilen. In den vergangenen Jahrhunderten seit der Aufklärung gab es immer wieder Zeiten, in denen sich Menschen mehr auf technische Entwicklungen konzentrierten, auf Neuaufbau und Genesung nach Kriegen statt auf die psychischen Nöte der Mitmenschen. Seit dem Ende des Zweiten Weltkrieges haben wir in Deutschland eine nie dagewesene Periode des Friedens erlebt. Technologieentwicklung konnte ungehindert geschehen, während wir unsere menschlichen Gesundheitsnotwendigkeiten ganz hinten auf die Prioritätenliste setzten. Wir beuteten unsere eigene Arbeitskraft zunehmend aus, begannen globale Geschäfte; manchmal in horrendem Irrsinn, um nach einer Zeit erkennen zu müssen, dass wir ökologischen und menschlichen Raubbau betreiben. Immer noch müssen wir um Gleichberechtigung kämpfen, die Demokratie schützen, mit Kriegen und Flucht umgehen.

Gleich zu Beginn des Millenniums fiel auf, dass immer mehr Menschen mental und körperlich krank werden. Das Phänomen des Burnout ist seitdem omnipräsent. Mit der „Klimakrise" steht nun der gesamte Planet als Opfer menschlichen Tuns im Mittelpunkt unserer Erkenntnis. Währenddessen treiben wir unsere technologischen Entwicklungen ungehindert weiter. Dabei vergessen wir, unsere neugierige Technologiebrille hin und wieder abzusetzen, ignorieren im Strudel der Technikverzückung den Menschen als Wesen der Natur. Mehr noch, es gelingt uns nicht, diejenigen Schurken dingfest zu machen, welche uns durch ihre programmierten Algorithmen manipulieren. Manchen Menschen gefällt es, boshaft gegen andere Menschen vorzugehen. Hin und wieder tun wir dies alle, wenn uns Missgunst und Eifersucht im Griff haben. Emotional gestresst suchen wir dann trotzig einen Schuldigen und möchten dessen Bestrafung. Oft geschieht dies auf dem Verhaltenslevel von Klein- oder Grundschulkindern.

In diesen langen Friedensjahren hat sich keine gesteigerte mentale Kultivierung im größten Teil unserer Gesellschaft entwickelt. Stattdessen fokussieren wir seit Mitte der 1980er Jahren mehr und mehr auf den Vorsprung von Technik und wirtschaftlicher Effizienz. Nun, da die deutsche Automobilindustrie, die Chemie und der Maschinenbau eine kaum vorstellbare Transformation durchlaufen müssen, sind wir wachgerüttelt. Dienstleister digitalisieren ihre Produktangebote, wodurch so mancher Arbeitsplatz obsolet wird. Neuer emotionaler Stress macht sich breit. Menschen versuchen wieder, sich durch den verstärkten Einsatz weiterer Technologien Ablenkung und Lustgewinn zu verschaffen. Im Beruf fehlen ihnen gleichermaßen Möglichkeiten, emotionalen Stress abzufedern. In der Folge ziehen sie sich zurück und vergessen ihre Verantwortung für das große Ganze im Betrieb. Wenn sie Glück haben, finden sie einen wohlwollenden Begleiter, der ihnen als Sparringspartner beim Stressmanagement hilft. Er erinnert sie möglicherweise an ihre Verantwortung bezüglich des eigenen Gesundheitsschutzes inklusive der bewussten Hinwendung zur Natur und das „Gesunde Führen" der Mitarbeiter. IPC® Consultants fokussieren bei ihren „Coachings für FührungsKRAFT" (Malzacher 2018) insbesondere auf die Qualität der Beziehung zu den Unterstellten und das vertrauensvolle Kommunikationsverhalten.

ICH-KULTUR® ist viel mehr als reine Persönlichkeitsentwicklung, sie steht vielmehr für „holistische Persönlichkeitsbildung". Mit ihr und durch sie können wir berufliche Beziehungen leichter gestalten. Dies geht nicht ohne erklärtes Wissen über uns selbst. Kurz und knapp, doch aus intensiver Innenschau erstellen wir unseren ganz persönlichen ICH-Pitch©.

5.2 ICH-Pitch© – Grundlage einer Selbstkultivierung

Wer Interesse an Menschen hat und daher seine holistische Brille aufsetzt, kann einen verständnisorientierten Durchblick schärfen. Intuition alleine ist für mich kein guter Ratgeber, denn unser durch die Sozialisation geprägtes Gehirn steckt andere Menschen allzu schnell in Kästchen.

Die ICH-KULTUR® wirkt Schubladendenken entgegen. Sie fragt: „Wie möchte ich sein?" statt „Wer bin ich?", denn letztere Frage führt zu häufig in eine statische Sackgasse, ohne Interesse an persönlichen Veränderungen. Tatsächlich aber können wir zu jeder Zeit unterschiedliche gedankliche Richtungen eingehen, deren Umsetzungskonsequenz antizipieren und in der Folge entscheiden, wie wir agieren oder uns entwickeln möchten.

In Bewerbungsgesprächen soll ein Bewerber manchmal weltbekannte Vorbilder nennen. Der Interviewer nimmt an, er könne sich daraus einen vorausschauenden Reim über die Bewerberpersönlichkeit machen. Stellen Sie sich vor, der Bewerber antwortet: „Ich arbeite kontinuierlich an meiner ICH-KULTUR®.“ Daraufhin würde er seinen ICH-Pitch© erklären. Diesen haben Sie im ersten Buch dieser Reihe kennengelernt. Hier lernen Sie die Grundlagen zur Erstellung eines ICH-Pitches© als Teil Ihrer ICH-KULTUR®.

Im Aufzug Ihres Lebens erklären Sie Ihrem Gegenüber innerhalb von dreißig Sekunden, was Ihnen – nicht anderen – an Ihrer Person wichtig ist.

- **Ihr Lebensmotto**
- **Ihre Werte**
- **Ihre Mission**
- **Ihre Vision**
- **Ihr Versprechen**

So zeigen Sie ihrem Gegenüber klar und deutlich, wen er als Mitarbeiter bekommen würde. Sie selbst klären auch gleich für sich, ob Sie mit Ihrem „Selbstverständnis“ überhaupt zu der entsprechenden Firma passen würden.

Hier ein Beispiel meines eigenen ICH-Pitches©

„Mein Lebensmotto heißt „Jederzeit einen Beitrag leisten zum Gelingen des Gesamten“. Meine persönlichen Werte sind Fairplay in Freiheit und Vielfalt – Flexibilität und Autonomie – Transparenz und respektvolle Kommunikation.

Werden diese nicht bedient, kann ich sie also nicht leben, bekomme ich emotionalen Distress, mit dem ich möglicherweise zu einer Stimmungsverschlechterung in meinem systemischen Umfeld beitrage. Menschen dürfen dafür sorgen, dass ihre Werte anderen bekannt sind und durch diese respektiert werden. Wer seine Werte als respektiert empfinden möchte, sollte sich bei seinen beruflichen und privaten Partnern erkundigen, welche Werte diese hoch halten, wie sie sich im Alltagsleben zeigen, um auch die Werte der anderen respektieren zu können.

Als IPC®Consultant, Coach und Pädagogin ist meine Mission die E⁴-Strategie: „Educate – Enhance – Emancipate – Empower“ die Weitergabe von praktischem Wissen für die reibungslose, stressfreie internationale Zusammenarbeit. In den kommenden zehn Jahren möchte ich meine Klientel und meine Leser weiter zum Nachdenken über ihre ICH-KULTUR® anregen und sie bei der Umsetzung begleiten. Daher verspreche ich meinen kontinuierlichen Einsatz für die Kultivierung des Selbst meiner Klienten und meines eigenen.

In IPC®-Coaching-Sessions lernen Teilnehmer wie sie ihren ICH-PITCH©
entwickeln. Wie Sie Ihre Kernwerte finden, erkläre ich im Folgenden.

5.3 Werte und Stressoren beeinflussen unsere Beziehungen

Hier ein Tipp wie Sie, liebe Leser, diejenigen Werte entlarven, die in einer
gewissen Lebensperiode eine große Rolle für Sie spielen. Erinnern Sie
sich an zwei bis drei Ihrer beruflichen Beziehungen und selektieren Sie
Situationen, die für Sie in Zusammenarbeit mit diesen Menschen unan-
genehm waren. Daraus ergeben sich bei näherer Analyse von wieder-
kehrenden ähnlichen Situationen persönliche Stressoren, aus denen Sie ihre
Werte ableiten.

Wenn Sie beispielsweise nicht genügend Informationen haben, um eine
Aufgabe erfolgreich ausführen zu können, und diese auch nach mehr-
maligem Nachfragen nicht erhalten, sich ärgern und über diesen Ärger
am Ende die Motivation verlieren, kann es sein, dass Sie *Verlässlichkeit* als
einen hohen Wert für sich erachten. Wenn ich meinen Geschäftspartner gut
kenne, sollte eine offen ausgesprochene Erinnerung reichen, statt sich ärgerlich abzuwenden.

Calvin H., ein Vertriebsrepräsentant für innovative Produkte, berichtete
mir, dass ein neuer aussichtsreicher Kunde jede zweite der vereinbarten Ver-
abredungen wegen angeblicher stärkerer Dringlichkeiten von Aufgaben
aus der nächsthöheren Managementebene über WhatsApp absagte. Calvin
kannte seine Stressoren. Erfolgs- und Zeitdruck und fehlende Informationen
über die Bedürfnisse des möglichen Neukunden ärgerten ihn in jeder
weiteren ähnlichen Situation. Mit Ambivalenzen vonseiten „Prospekts"
konnte Calvin nicht gut umgehen. Er lernte, seinem neuen Kunden seine
Arbeitsauffassung und die damit verbundenen Werte zu erklären, hier
Respekt, Verlässlichkeit, Liefertreue, und wurde damit ernst genommen.
Darüber hinaus erklärte er beim Erstgespräch die Werte seiner Organisation,
das Leitbild und konnte durch seine Integrität als Vertriebsmann punkten.
Sein Zuhören war von einfühlsamer Achtsamkeit geprägt. Großspuriges
Auftreten und unangemessene Aufschneiderei mochte er nicht.

5.4   Selbstkompetenz mit Psychohygiene – ein erlernbarer Skill der ICH-KULTUR®

Selbstkompetenz hat einen wesentlichen Einfluss auf den Erfolg unserer beruflichen Beziehungen. Risiken für problematisches Interpersonelles sind bei individuellen Konfliktanalysen in Form von Indikatoren leicht zu finden, siehe Abb. 5.1. Wer schwierige berufliche Beziehungen hat, darf sich fragen, inwieweit er diese aktiv beeinflussen kann. Psychohygiene ist daher für die emotionale Stressreduzierung unentbehrlich.

Sie erkennen, dass problematische Beziehungen überwiegend aus Aspekten mutloser oder fehlender Selbstkompetenz rühren. Da lassen sich berufliche Beziehungen im Innen- und Außenverhältnis nicht leicht aktiv gestalten. Man wird gestaltet. Erinnern Sie sich an die vier Facetten der ICH-KULTUR®? Diese sind Schicksalseinflüsse, Temperament, Instinkt-verhalten und Persönlichkeit, Multiple Intelligenzen und Kulturvariable, welche erlernbar und ablegbar sind.

Zwischen Persönlichkeit, Temperament und den Kulturvariablen liegt Selbstkompetenz als verbindendes Element und als initialer Garant für ein

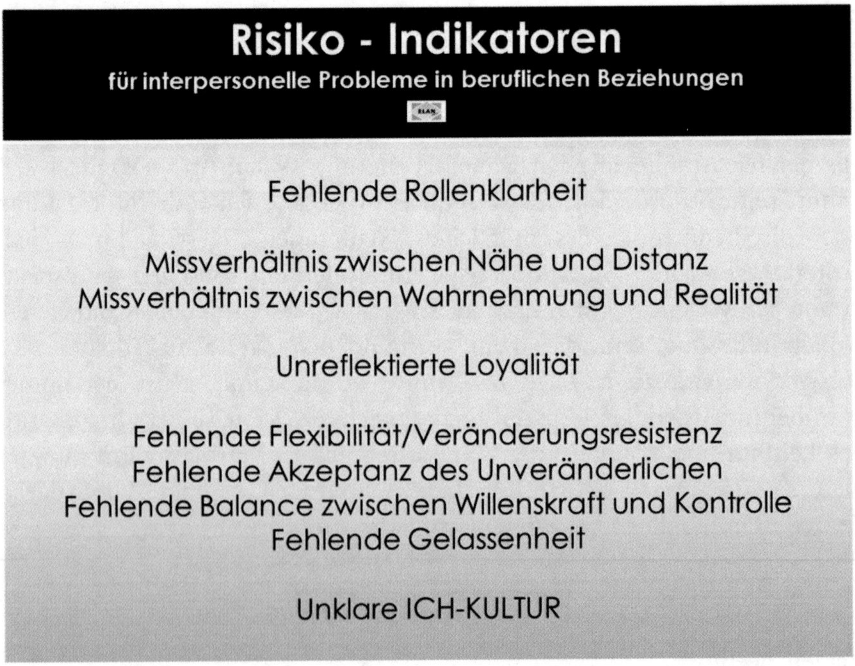

Risiko - Indikatoren
für interpersonelle Probleme in beruflichen Beziehungen

Fehlende Rollenklarheit

Missverhältnis zwischen Nähe und Distanz
Missverhältnis zwischen Wahrnehmung und Realität

Unreflektierte Loyalität

Fehlende Flexibilität/Veränderungsresistenz
Fehlende Akzeptanz des Unveränderlichen
Fehlende Balance zwischen Willenskraft und Kontrolle
Fehlende Gelassenheit

Unklare ICH-KULTUR

Abb. 5.1   Risikoindikatoren für interpersonelle Probleme in beruflichen Beziehungen

selbstbestimmtes Leben. Egal wie schwer es uns das Leben macht, Selbst-kompetenz kann unsere mentale Resilienz, also die geistige Widerstands-kraft, stärken. Zur Selbstkompetenz zähle ich die in Abb. 5.2 ersichtlichen Fähigkeiten.

Man sollte annehmen, dass uns Selbstkompetenz durch zugewandte Erzieher beigebracht werden kann. Im Erwachsenenalter erkennen wir, dass Selbstkompetenzentwicklung als Teil der ICH-KULTUR® ein lebens-langer Entwicklungsprozess ist. Die Grundlagen hierfür werden im Kindes-alter und im weiteren Schulalter gelegt. In meiner Arbeit für Hochschulen der angewandten Wissenschaften darf ich Masterstudenten überdies mit der Entwicklung ihrer Selbstkompetenz beschäftigen. Hierzu passt auch eine LinkedIn-Studie (Rose 2020), die über die nötigen Soft Skills für heutige Führungskräfte forschte. In Abb. 4.1 finden Sie Skills, von denen man glaubt, dass sie heute notwendig seien und leicht erlernt werden könnten. Wer sich diese Soft Skills wünscht, beschreibt eine Idealvorstellung, die kaum jemand in hoch entwickelter Form mitbringen wird. So auch wie im Falle des in Kap. 7 beschriebenen selbst- und beziehungskompetenten Weltbürgers.

Personaler und Führungskräfte sollten also zweimal systemisch prüfen: Erstens, welche Prioritäten sie welchen Soft Skills von Bewerbern bei-messen. Zweitens, welche Soft Skills eine Führungskraft aufgrund welcher Mitarbeitergruppe im Laufe ihrer Tätigkeit für die Organisation entwickeln sollte. In solchen Grafiken endende Untersuchungen geben doch allenfalls einen Eindruck über Nöte. Demgegenüber steht die bekanntlich jahrelange Persönlichkeitsbildung. Soft Skills entwickeln Menschen im Allgemeinen nicht über Nacht. Ehrfahrungslernen spielt hier eine große Rolle, anders als beim Erlernen mathematischer oder technischer Kenntnisse. Die hier erwähnten Soft Skills sollten schon im Schulalter reifen und kontinuierlich weiterentwickelt werden. Institutionen der Sozialisationsgemeinschaft und der Einzelne haben die Verantwortung. Wie stark die Realität von Wunsch-vorstellungen abweicht, zeigt eine weitere LinkedIn-Studie über gefragte Soft Skills heute und in 10 Jahren. Demzufolge nähmen Entscheidungs-fähigkeit, Kreativität sowie Präsentieren und Öffentlich Sprechen in 10 Jahren verglichen mit heute leicht ab. Unternehmergeist, funktionsüber-greifende und interkulturelle Kompetenzen, Team- und Mitarbeiterführung sowie Gesprächs- und Verhandlungsführung nähmen im Mittel um circa 7 % zu. Diese Kompetenzbedürfnisse existieren schon seit mindestens zwei Dekaden. Neulinge in der Führung und Personalentwicklung mögen diese Zahlen beeindrucken, doch in Form einer theoretischen Statistik sprechen sie nicht, wenn andererseits der Wille und damit Gelder fehlen, um

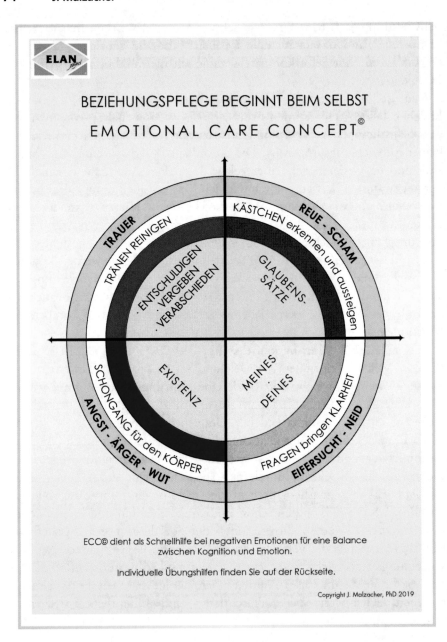

Abb. 5.2   Selbstkompetenz – Fähigkeiten

Menschen in Schulen, Universitäten und Betrieben in ihrer dahingehenden Entwicklung zu unterstützen. Die individuelle Persönlichkeitsbildung inklusive Psychohygiene bleibt weitestgehend in der Verantwortung des Einzelnen bei gleichzeitiger Auswahl der für sein Lebenskonzept passenden Arbeitsstelle.

Organisationen haben eine Pflicht für die Beschäftigung mit dem Thema Selbst- und Beziehungskompetenz. Denken wir hier an den physischen und psychischen Gesundheitsschutz. Augen und Ohren der Führungskraft müssen offen sein für jede Art einer Störung, seien es hohe Fehlzeiten, Flurfunk und Gerüchte, Mitarbeiterzufriedenheit, etc. Wer dies als Führungskraft nicht leisten möchte oder nicht kann, sollte nicht Führungskraft/Leader sein. Vorgesetzte im Sinne eines Supervisors ohne Personalverantwortung haben ebenfalls automatisch eine organisationsimmanente Pflicht für den Gesundheitsschutz.

Sie möchten Leader sein? Dann wollen Sie Verantwortung. Unbedingtes Interesse an Menschen und deren individuellen Eigenheiten sind der Schlüssel. Verbindung schaffen, sich einsetzen, informieren und kritisieren, sich selbst in Augenschein nehmen und schließlich Dinge verbessern und verändern wollen. Im Folgenden können Sie klären, welche Rollenausprägung Sie als Führungskraft für ihre beruflichen Beziehungen noch entwickeln möchten. Sollten Sie schon ein talentierter Beziehungsgestalter sein, finden Sie hier dennoch praktische Anregungen. Anderen fehlt möglicherweise ein Tool für ihre berufliche Beziehungspflege. NEW WORK duldet einsame Wölfe nicht. Daher ist es entscheidend, in welcher Rolle Sie sich als Führungskraft sehen möchten.

Die *beziehungskompetente Führungskraft* erkennt ihre herausragende Rolle als mentaler Anker für Mitarbeiter an. Sie betreibt regelmäßig Psychohygiene. In Zeiten einer Erschütterung des Status Quo und einer Transformation mit übertriebenem Angstpotenzial kommt einer humanen Führung mit emotionaler Intelligenz eine bedeutende Rolle zu. Anders als in Zeiten des reibungslosen Dahinsegelns verlangt VUKA höchste Flexibilität, Anpassungsfähigkeit und mentale Resilienz. Eine Führungskraft sollte großen Druck von außen gelassen abfedern können und gleichzeitig für sie überraschende Situationen mit innerer Ruhe angehen. Nur nicht gleich in die Luft gehen! Alte Paradigmen verlassen und die Dinge durch einen geübten Perspektivenwechsel mit Neugier betrachten, dafür braucht die beziehungskompetente Führungskraft ehrliche Analyse, Überzeugungskraft sowie Zuhilfenahme ihres Teams für kreative Lösungen. Eine *beziehungskompetente Führungskraft* vereinigt in sich einen *selbstkultivierten Kosmopoliten* und einen *selbstkompetenten, agilen Beziehungshelden*. Sie zeigt nicht nur Interesse an fachlichen Themen, sondern auch am Erfolg aller verantwortlichen Mitarbeiter. Sie kennt Führungstechniken, kann und möchte locker auf unterschiedliche Charaktere eingehen und diese durch ihre Führungsfinesse stärken, wertschätzen und motivieren. Sie ist nicht nur freundlich und höflich, sondern kritisiert mit Geschick und Wohlwollen, forscht nach den Ursachen schlechter Stimmung und zeigt klar und deutlich, dass sie auf die Weiterentwicklung ihrer Mitarbeiter Wert legt.

Möchten Sie sich in der Rolle einer Führungskraft als *selbstkultivierten Kosmopoliten* sehen, könnten Sie von den praktischen Tipps in diesem Buch profitieren. Ein Kosmopolit ist interessiert an den ethnischen Eigenheiten von Menschen, sieht diese eher als Gewinn statt als unwillkommene Herausforderung und sorgt in der Organisation dafür, dass sich alle (auch ausländische) Mitarbeiter willkommen fühlen. Seinen Grad an Selbstkultivierung erreicht er durch die intensive, kontinuierliche Beschäftigung mit seiner ICH-KULTUR®. Ein selbstkompetenter Kosmopolit kennt die Fallen des „implicit and explicit bias" (Greenwald 1995), der unbewussten und bewussten Voreingenommenheit. Damit bewertet oder richtet er nicht über andere aus Bequemlichkeit, reinem Pragmatismus oder Ärger. Er verhält sich aufmerksam und in der Folge achtsam sowohl sich selbst gegenüber als auch anderen. Die hier genannten Typen vereinen sich im *selbstkompetenten, agilen Beziehungshelden.*

Trotz hoher Geschwindigkeit und Flexibilität entwickelt dieser Einsicht, Umsicht, Weitsicht und Nachsicht. In Abschn. 7.1 finden Sie Tipps hierzu. Zuvor werfen wir einen Blick auf die entscheidendsten aller Beziehungsthemen, Werte, Ängste und Vertrauen.

Literatur

Frey A, Jäger RS (2009) Der entwicklungspädagogische Ansatz in der Lehrerbildung auf dem Prüfstand 22, S 346–360. Deutsches Institut für Internationale Pädagogische Forschung Verlag Empirische Pädagogik, Landau

Greenwald AG, Banaji MR (1995) Implicit social cognition: attitudes, self-esteem, and stereotypes. Am Psychol Assoc Psychol Rev 102(1):4–27

Malzacher J (2018) Mit ICH-KULTUR zum privaten und beruflichen Erfolg. Springer Gabler, Wiesbaden

Rose C (2020) Analytische, kreative Teamplayer mit Ahnung von Blockchain haben 2020 gute Chancen beruflich voranzukommen. LinkedIN-Studie. www.onetoone.de/artikel/db/001114cr.html Zugegriffen 15.01.2020

Roth H (1971) Pädagogische Anthropologie/Heinrich Roth; Bd. 2: Entwicklung und Erziehung: Grundlagen einer Entwicklungspädagogik, Schroedel Verlag, Hannover

Weber E (1999)Pädagogik. Band 1 Grundfragen und Grundbegriffe. Teil 3 Pädagogische Grundvorgänge und Zielvorstellungen – Erziehung und Gesellschaft/Politik, 8. Aufl., Auer Verlag, Donauwörth

6

Berufliche Beziehungen gestalten mit Selbstkompetenz

Zeigen Sie Ihren Vorgesetzten, Kollegen, Leadern oder Kunden klar und deutlich, was Sie von ihnen halten? Sympathie und Antipathie spielen uns über den ersten Eindruck oft einen Streich. Wir wissen, dass dieser oft genug revidiert werden muss. Durchdringende Selbstkompetenz speist sich aus Werteorientierung, Mut, Entschluss- und Durchsetzungswillen, Disziplin, Reflexions- und Kritikfähigkeit, Entscheidungskraft, zielorientierter Flexibilität. Wenn negative Gefühle im Spiel sind, vergessen wir uns leicht. In Abschn. 6.3 erfahren Sie, wie Sie Ihre negativen Gefühle durch Übung in den Griff bekommen.

6.1 Mines Misstrauen gründet auf Ängsten

Überpünktlich. Mine fährt von der Bundesstraße ab und biegt in einen Seitenweg, dem ein Waldparkplatz folgt. Dort verkündet ein Schild: „1.5 km zum Seerestaurant". Sie parkt in Fahrtrichtung. Bald wird sie den interessanten Herrn treffen. Mine ist nervös. Ein Jahr nach der Übernahme ihrer Firma und den seltenen Gesprächen mit den neuen Besitzern ihres früheren Familienunternehmens trifft sie die Person, der sie vertraut hatte und von der sie schwer enttäuscht wurde. Sie findet, dass ihr der interessante Herr die Firma abgeluchst hat. Sie vertraut ihm nicht. Spaziergänge scheinen für ihn ein passendes Meeting-Format zu sein. So hatte er sie damals auch in Gespräche gezogen. Sie mag Spaziergänge. Ohne nachzudenken ließ sie sich damals auf seine Vorschläge ein. Nun zweifelt sie an seinem Businessziel. Hat er nicht alles erreicht? Nervös

© Springer Fachmedien Wiesbaden GmbH, ein Teil von Springer Nature 2020
J. Malzacher, *Berufliche Beziehungen gestalten mit ICH-KULTUR,*
https://doi.org/10.1007/978-3-658-29975-0_6

macht sie das. Nun merkt sie, dass sie wieder Gedankenhaken schlägt. „Stopp", befiehlt sie sich. Ein schneller Blick in den Spiegel hinter der Sonnenblende am Fahrersitz. Lippenstift? Nein.

„Heute reden wir Tacheles", sagt sie laut. Dann steigt sie aus, zieht ihre beige Anzughose glatt, streift den olivgrünen Leinenblazer über und dreht sich in Gehrichtung. Dann stoppt sie. Bis der interessante Herr eintrifft, wird sie einen Spaziergang machen. Kein Mensch in Sichtweite. Heute wird sie ihre Ziele für die Firma durchsetzen. Die Agenda für das heutige Meeting war nichtssagend, so wird es ihr gelingen, die Themen zu steuern.

Ihr Handy summt. Eine Nachricht des interessanten Herrn. Er verspätet sich um 30 min. Mine rollt mit den Augen. „So ein Schmarrn, was fällt dem ein!", redet sie vor sich hin. Dann geht sie los. Bis er ankommt, wird eine ganze Stunde vergehen. Sogleich entscheidet sie, den Wald jetzt zu genießen. Zu sich selbst kommen, weg von ihren Businessgedanken, hinein in die Natur. Eine weise Entscheidung, denkt sie. Mit einem lauten, fröhlichen „Ja!" bestätigt sie ihre Gedanken. Der Schotterweg knarrt unter ihren Schritten. Am Seeufer bleibt sie stehen, blinzelt in die Sonne. Wenig Schilf, kaum Algen, dafür Libellen und Wasserläufer. Sie überlegt, warum diese zur Familie der Wanzen zählen. Unwichtig… Da schnappt ein Fisch aus dem Wasser. Ob sich das Insekt retten konnte? „Manche lassen sich einfach schnappen", murmelt sie vor sich hin. Auch sie fühlt sich geschnappt – irgendetwas in ihr ist wehrlos, das spürt sie deutlich. Sie verhalf dem interessanten Herrn zum Erfolg. Bei ehrlicher Betrachtung war sie es, die sich mit fehlender Vehemenz gegen die Übernahme ihres Familienunternehmens gewehrt hat. Ihr Coach hatte sogar vermutet, dass sie über den Verlust der Gesamtverantwortung insgeheim froh war. Bei dem Gedanken wird ihr heiß. Gedankenmonster! Bereut sie ihre Entscheidung? Immerhin arbeitet sie nun schon ein Jahr als angestellte Produktions- und Qualitätsleiterin. Ihr Engagement ist immer noch stark. Diese beiden Herren leiten nun das Unternehmen – nach alter Manier aufgeteilt in Verwaltungs- und Vertriebsleitung. Der Verwaltungschef macht HR mit. Sie hätte sich gewünscht, dass sich das ändere bei der Neuordnung, war sie doch selbst zumeist wegen der Personalprobleme überfordert gewesen. Mitarbeiter und deren Anliegen machten ihr Mühe. Qualitätsprobleme und Kundenbesuche drängten sich immer in den Vordergrund. Die Verantwortung für den Produktionsbereich reicht ihr nun völlig. Auch dort brauchen Mitarbeiter ihre Aufmerksamkeit, doch heute kann sie diese besser aufteilen und sich in der neuen Rolle selbst besser abgrenzen. Erleichterung? Schon kommt das diffuse Gefühl zurück. Ist sie ihrer Familienfirmengeschichte untreu geworden? „Warum nur?" Trotzig schaut sie auf ihre Füße zu nah am Seeufer, geht einen Schritt zurück. Warum dieses schlechte Gewissen? Der Firma geht es gut. Finanziell sieht sie selbst keine

Verschlechterung. Man könnte das Gesamte als Win-Win-Ergebnis werten. Bei ihrer letzten Session vor neun Monaten waren sie und ihr Coach sich einig: Ganzheitlich betrachtet, gäbe es nichts zu meckern. Dennoch ist da immer noch etwas, was sie unruhig macht. „Was verstecken Sie?", hatte der Coach gefragt. Sie fand diese Frage zu psychologisch, fühlte sich entlarvt und wusste gar nicht warum. Der Schrei eines Bussards über ihr weckt sie aus ihren Gedanken.

„Mine!", ermahnt sie sich, „jetzt ist Schluss." Sie reckt sich, stampft auf die Erde. Ein tiefer Seufzer, dann geht sie weiter.

Nach ein paar Minuten erreicht sie das Seerestaurant. Nun kann sie es sich gemütlich machen, bis sich der interessante Herr einstellen wird. Wegen seiner Verspätung wird noch eine halbe Stunde vergehen. Beim Restaurant geht sie ein paar Schritte um die Stelzen des Außensitzplatzes und schaut den auf dem Wasser laufenden Insekten zu. Dann setzt sie sich auf einen großen Felsblock am Ufer und lässt sich ein auf die Umgebung. Ihr Blick geht auf den gegenüberliegenden Waldrand. „Schön", sagt sie tonlos. Sie streckt ihr Gesicht in die Sonne, spürt die leichte Brise auf ihrer Haut, schnuppert den feinen modrigen Boden. „Friede", denkt sie, „Wunderbar!" Sie beugt sich nach vorne und streicht mit den Fingern durch das warme Seewasser. Da klingelt ihr Handy. Mine schreckt auf. Schnell greift sie in ihre Tasche.

„Ja?" Da flutscht ihr das Handy aus der feuchten Hand und landet auf dem feinen Kies im Wasser am Seeufer. Sie stutzt und fischt hastig nach dem Gerät. Aufgeregt wischt sie das Wasser weg und versucht, das Handy zu trocknen. „Ja? – Hallo! – Ja?" Nichts.

„Mist, Mist, Mist!", ruft sie. „Verflucht nochmal!" Während sie das Handy abtrocknet, verheddern sich ihre Gedanken in tausend dunkle Knoten. „Was mache ich jetzt?" Mine springt auf, schüttelt sich den feinen Kies von der Hose und atmet angestrengt. Hinter sich spürt sie eine Bewegung. Sie dreht sich um.

„Guten Tag. Schön, nun habe ich Sie gefunden." Mit einem breiten Lächeln beugt sich der interessante Herr vor und streckt seine Hand aus. „Kann ich Ihnen helfen?"

„Nein, danke, ja doch, nein!" Mine schließt die Augen. „Du kannst das", sagt sie sich in Gedanken, „halte durch!"

„Danke vielmals!" Sie streckt ihre Hand aus und lässt sich von dem interessanten Herrn die Anhöhe hinaufziehen. „Erbärmlich!", ruft sie. „Mein Handy ist ins Wasser gefallen! Nun kann ich keinen mehr erreichen!" Mines Ärger ist maßlos. Sie fühlt sich als totale Versagerin. Schlimmer könnte es für sie in einem solchen Moment nicht kommen. Nun erkennt selbst ein Geschäftspartner ihre Schwächen. „Das geht gar nicht", sagt sie sich. Dichter Nebel umschließt ihre Gedanken; nichts geht mehr. Sie atmet schwer.

„*Wo bleibt ihr Humor?*", *hört sie den interessanten Herrn fragen.* „*Ein Handy ist doch nur ein Instrument. Sie selbst sind doch nicht ertrunken – glücklicherweise!*" *Er lacht und nimmt ihre Hand während sie den Hang hinaufgehen zur Restaurantterrasse. Schnell zieht Mine ihre Hand zurück. Sie findet seine Freundlichkeit und Hilfe übertrieben.*

„*Ich weiß nicht.*" *Sie möchte weg von hier; schnell verschwinden.* „*Ich gehe rasch zur Toilette, ja?*", *hört sie sich sagen, während sie auf den Restauranteingang zusteuert. Ohne sich umzudrehen, eilt sie die Stufen hoch.*

In der Toilette kommen ihr die Tränen. „*Warum immer wieder diese Missgeschicke? Was habe ich getan, dass mir das passiert?*" *Gut, dass die Papiertücher hier saugkräftig sind, denkt sie. Da fällt ihr ein, dass sie mal den Tipp gehört hat, Handys zum Trocknen auf ein Reisbett zu legen. Das reicht nicht, ein Fön muss her. Schnell wäscht sie sich die Hände, schaut in den Spiegel und nimmt Haltung an. An der Restaurantrezeption erfährt sie, dass es keinen Fön gibt.* „*Mist*", *sagt sie laut. Da kommt der interessante Herr auf sie zu.*

„*Na, es gibt Schlimmeres, oder? Doch, ich kann verstehen, dass Sie sich aufregen. Wollen wir uns setzen?*" *Er deutet auf einen Platz mit Ausblick auf den in der Sonne glitzernden See. Mines Herz klopft wild. Sie folgt ihm, setzt sich und blickt starr vor sich hin.*

„*Erst mal durchatmen*", *hört sie ihn sagen. Sie nickt. Tief atmen hat sie gelernt. Aber doch nicht hier in der Öffentlichkeit! Schwäche zeigen geht nicht, findet sie. Ihr ganzer Körper ist angespannt, sie muss sich zusammennehmen.*

„*Möchten Sie ein paar Schritte gehen? Das hilft der Entspannung.*"

„*Danke, ja, das ist eine gute Idee*". *Die Rettung, denkt sie. Jetzt nur nicht diesem Herrn gegenüber sitzen und Geschäftliches besprechen. Er könnte sie wieder über den Tisch ziehen. Schnell steht sie auf, nimmt ihre Handtasche und geht in Richtung Ausgang. Da merkt sie, dass der interessante Herr zurückbleibt; dreht sich um.*

„*Gehen Sie nicht mit?*"

„*Nein, ich warte bis Sie wiederkommen. Nehmen Sie sich Zeit.*"

Mine stutzt. „*Gut – danke.*"

Ihre hastigen Schritte werden langsamer als sie den Waldrand erreicht. Ein passender Baumstamm. Vorsichtig setzt sie sich. Durchatmen. Ihre gekrallten Finger landen auf der Rinde. Minutenlang starrt sie in den wolkenlosen blauen Himmel hinter dem satten Grün der Laubbäume. Nun wandern ihre Augen zwischen der Vielgestalt der Bäume umher. Allmählich findet sie sich wieder, die Hände entspannen sich. Ihr Rücken streckt sich. Welk – gelbe Blätter auf wiegenden Ästen. Einzelne Vögel. Ihre Füße schlüpfen aus den Sandalen, streichen über den weichen Moosboden. Erleichterte Seufzer. Die zerfurchte Baumrinde erinnert sie an ihre Stirnfalten. „*Stopp*", *ruft sie.* „*Du bist nicht so schlecht wie du dich machst. Die Falten sind genetisch, das weißt du!" Schnell blickt sie auf und hinüber zum Seerestaurant. Sie hat den interessanten Herrn einfach stehen lassen. Das tut man nicht mit seinem Chef.*

„Flucht", sagt sie laut. „Wie unaufmerksam!" Schnell steht sie auf, bleibt stehen und setzt sich wieder. „Erst denken, dann handeln", sagt sie sich. Ob er noch dort ist? Ihr Zeitgefühl ist dahin. Sie greift in ihre Tasche, fühlt nach dem Handy. Papiertücher. Der Wasserunfall. Keine Uhrzeit. Was nun? Zurückhetzen?

„Nein", befiehlt sie sich laut. Sie steht auf, faltet die Hände und streckt ihre Arme hoch in die Luft. Ein paar Mal tief ein- und ausatmen. Ihren Oberkörper reckt sie dabei soweit es geht nach rechts und links. Schon fühlt sie sich frischer. Dann packt sie ihre Tasche und geht mit raschen Schritten los.

Zurück auf der Terrasse des Seerestaurants bleibt sie fast atemlos stehen, schaut sich um und setzt sich erschöpft auf einen Stuhl.

Geschafft. Sie atmet aus und schließt die Augen. Ungeheuerliches Missgeschick! Wo ist er? Wie unglaublich unprofessionell hat sie sich benommen! Was muss er nur von ihr denken? Ratlos schaut sie sich um. Keine Spur von ihm. Wird ihr Verhalten Folgen haben?

Sie lehnt sich in den Stuhl zurück. „Nein", sagt sie laut. Geschäftliche Folgen wird ihr Verhalten nicht haben. Plötzlich ist sie sich sicher, dass der interessante Herr sie nicht einfach so fallen lassen wird.

„Nein?", fragt eine Stimme hinter ihr. Sie schreckt auf. Der interessante Herr lächelt sie an. „Wie geht es Ihnen? Konnten Sie sich beruhigen?"

Mine springt aus dem Stuhl. „Ja, danke, es geht mir besser. – Danke für Ihr Verständnis." Ihre Hände umklammern ihre Handtasche. Da fällt ihr die Agenda ein. Ihr Gesicht wechselt in den Businessmodus. „Wollen wir jetzt alles besprechen? Es tut mir leid, ich habe viel Zeit vergeudet." Wenn sie sich nicht über sich selbst ärgert, kann sie sich schnell umstellen; dies hat sie jahrelang gelernt. Das gibt ihr ein Gefühl der Sicherheit.

Der interessante Herr nickt. „Gerne. Wenn Sie bereit sind; gehen wir rein, oder möchten Sie gerne in der Sonne sitzen?".

Nach drei Stunden packen beide ihre Unterlagen ein. Der interessante Herr bezahlt. Chefs tun das so. Mine fühlt sich gut, ihre Bedenken sind verflogen, ihre Selbstsicherheit ist zurück, sie fühlt sich viel besser. Das Handyklingeln lenkte ihre Konzentration nicht ein einziges Mal weg vom Thema. Zusammen konnten beide Ideen besprechen, sogar ein echtes gemeinsames Lachen schmiegte sich hier und da in das Gespräch. Nein, sie möchte nicht zum Parkplatz gefahren werden. Lieber geht sie zu Fuß. Sie verabschieden sich mit einem freundschaftlichen Handschlag.

Auf dem Weg zurück zum Waldparkplatz spürt sie die Freude über dieses Geschäftsgespräch. Der interessante Herr nahm ihre Vorschläge bereitwillig und partnerschaftlich auf und versprach ihr, sie mit dem Vertriebsleiter zu besprechen. Ein Wohlgefühl empfand sie während des gesamten Gesprächs. Erstaunlich, zu keinem Zeitpunkt verließ sie ihre Konzentration, sie musste Dissonanzen nicht abfedern oder mit ungerechter Kritik umgehen. Positionsorientierte Aufschneiderei hatte keinen Platz in diesem Meeting, stattdessen fühlte sie Akzeptanz und Interesse. Für sie war es ein Austausch unter gleichwertigen Kollegen im Streben nach einem gemeinsamen Ziel. Die Firma sollte sich modernisieren. Dies hatte sie sich von sich und nun den neuen Besitzern gewünscht.

Leise lächelt sie vor sich hin als sie in ihren Wagen steigt. Mit einem Seufzer lehnt sie sich zurück in den Fahrersitz. Sie fühlt ein inneres Strahlen während eines sanften Glücksmoments, dann drückt sie den Knopf für die Elektrik. Geräuschlos rollt ihr Auto aus dem Parkplatz auf die Landstraße.

6.2 Gert Simon und Mine erkennen ihre mentalen Kästchen

„Muss eigentlich jede Situation fair sein?" Gert Simon krault seinen Haarschopf. „Wir lernen doch schon als Kind, dass das Leben nicht immer fair ist. Du redest immer noch über diesen Handyunfall. Das ist doch nun mindestens 5 Monate her."

Mine lächelt. „Ja, ich weiß."

„Na, siehst du. Deine Stimmung bezüglich der Firma hat sich jedenfalls nicht geändert."

„Ja, ich ärgere mich noch immer über meine Unvorsichtigkeit und darüber, dass ich mich habe ablenken lassen durch mein negatives Inneres. Zusätzlich habe ich das Ganze hochstilisiert zu katastrophalsten Vorstellungen. Damit habe ich mir wertvolle Aufmerksamkeit auf den Moment und die schöne Umgebung geraubt. Ich stellte mir vor: ‚Was wäre, wenn…?' und malte mir die schlimmsten Szenarien aus. Ich fühlte mich schuldig, schämte mich und konnte vor lauter Emotionalität nicht professionell handeln. Meine Unsicherheit wurde noch verstärkt durch die hilfsbereite Art des interessanten Herrn."

„Das kenne ich selbst auch sehr gut." Gert Simon schenkt Tee nach. „Wir sitzen in unseren mentalen Kästchen fest und merken es gar nicht."

„Mein Coach nennt diese Kästchen ‚sozialisierte Glaubenssätze'. Wir hätten solche Denkweisen in unserer Kindheit gelernt und meinen, sie wären der Maßstab für richtiges Fühlen und Handeln."

„Möglicherweise verstärken Menschen in unserer Umgebung genau diese Kästchen, weil sie erwarten, dass wir so handeln, und wir lassen uns von dieser Erwartung beeinflussen."

„In meinem Fall ließ ich mich seit meiner Jugend extrem beeinflussen von Menschen, die mich durch Schuldzuweisungen auf eine Spur bringen wollten. Obwohl mich das ärgerte, konnte ich mich nicht wehren." Mine nimmt einen Keks und tunkt ihn in ihren Tee. „Ich war sehr angepasst und verstärkte mein Verhalten, weil ich mich dadurch akzeptiert fühlte." Sie lacht laut. „Noch jetzt, während ich den Keks in den Tee tunke, denke ich schamvoll daran, dass man das ja als Gast keinesfalls tun sollte. Es ist nicht die feine englische Art."

Gert Simon lacht laut. „So, so!" Er steht auf und geht hinüber zum Fenster, vor dem Katze Lena miaut. „Na, da ging es dir ja sehr ähnlich wie mir.".

„Innerlich ärgerte ich mich früher über mich selbst oft extrem und war unglücklich. Mein Pflichtgefühl stand mir im Wege. Ich dachte, meine Bestimmung wäre, allen alles recht zu machen, dann würde man mich mögen."

„Na, jetzt hast du ja ein System, mit dem du deinen Ärger in den Griff bekommst." Gert Simon holt das ECC©-Blatt hervor. „Es sieht etwas kompliziert aus, oder?"

„Ja, es wird erst zu einem Glückskompass, sagt mein Coach, wenn man es stetig einsetzt und an sich arbeitet." Mine zieht ihre braune Kamelhaarjacke über und packt ihre Citytasche. Gert Simon zieht sein hellblaues Sweatshirt über, legt seinen bunten indischen Schal um den Hals, dann die Fleecejacke. „Ich bringe dich zum Parkplatz."

„Schön. Das war ein gemütliches Treffen. Endlich kann ich mir vorstellen, wie du lebst und an deinem Xylophon stehst und spielst. Und – wie Lena aus dem Fenster in den Garten springt, selbst bei solch nasskaltem Februarwetter. Danke für den Tee und die Kekse."

Gert Simon fühlt die ungewöhnlich lange Umarmung. „Danke dir für den Glückskompass!".

Mine lacht. „Na, der hat ja Ähnlichkeit mit deiner Geschichte über die Naturgesetze. Ich danke dir!".

Gert Simon legt seine Hand auf die Türklinke. „Ich werde versuchen, ihn anzuwenden, wenn mich der Ärger übermannt.".

6.3   ECC© – ein System für die individuelle Psychohygiene

„Empathy is about finding echoes of another person in your Self." (Hamid 2012)

Emotional intelligente Selbstkompetenz basiert auf dem gelingenden Umgang mit Emotionen. Während wir uns gerne als rationale Entscheider sehen, regieren insgeheim unsere Emotionen. Berufliche Beziehungen sind wegen ihrer grundlegenden Oberflächlichkeit zuweilen größeren Misserfolgsrisiken ausgesetzt als private. Auf unsere Gefühlswelt haben sie dennoch enormen Einfluss und damit auf unsere Professionalität. Misstrauen und Untreue stehen für einen Zyklus, der Stresskaskaden in Organisationen antreibt, indem diese die Stimmung trüben. Innere und äußere Konflikte entstehen oft durch fehlende Loyalität und Verlässlichkeit, verlorengegangene Sicherheit, Unehrlichkeit und Berechnung, Verrat sowie die Abwesenheit einer Balance zwischen Geben und Nehmen.

Konfliktbefreiende Beziehungspflege entsteht durch Selbstachtsamkeit und Psychohygiene. Lange Zeit missachten Menschen in Konflikten, dass sie sich mit vielen Aktivitäten ablenken, ihren Schmerz über das Verhalten anderer zu übertünchen versuchen. Mancher fürchtet sich vor seinen

Emotionen. Gerne intellektualisieren wir negative Gefühle. Wir schieben Aufgaben vor uns her, damit wir nicht mit Kollegen zusammentreffen, die uns schlecht behandeln. Derweil sinkt unsere Motivation im Job. Der Mut verlässt uns, wir bekommen es mit der Angst, dass wir wieder verletzt werden. Wir verstecken uns vor uns selbst. Negative Emotionen haben Zirkelpotenzial. Überprüfen wir unsere emotionale Fitness und mentale Resilienz. Möglicherweise sind wir körperlich fit, doch emotionaler Schmerz lässt uns leiden. Für die emotionale Fitness eignet sich die regelmäßige Anwendung und Übung des „ECC© (1)" (Abb. 6.1). Ein praktisches Anwendungsbeispiel finden Sie weiter unten.

Emotionale Fitness zeigt sich in verträglicher Kommunikation, nicht nur in problematischen Situationen. Sie speist sich aus gewaltfreien Worten (Rosenberg 2002), Feedback mit Ich-Botschaften und einer durchdachten Argumentationslinie. Eine handgeschriebene Äußerung unseres Anliegens empfiehlt sich. Beim Schreiben überlegen wir naturgemäß genauer, was wir sagen. Vorteilhaft ist überdies, dass der Empfänger unsere Zeilen mehrmals lesen kann. Ausschließlich mündlich Erklärtes verhallt im Äther und unterliegt der Gefahr der Verfälschung durch die individuelle Wahrnehmung der Empfänger oder missglückter Kanalauswahl, zum Beispiel „WhatsApp".

Abb. 6.1 Selbstregulation durch ECC© (1)

Manchmal gefällt unserem Gegenüber unser Vorstoß zur Klärung nicht. Er steckt den Kopf in den Sand, ignoriert WhatsApp oder Telefonanrufe. Bewusste oder unbewusste, affektgesteuerte Aktionen zeigen die Furcht vor der Konfrontation mit dem anderen und damit mit sich selbst. So fehlen uns möglicherweise wichtige Informationen, die zu unserem besseren Verständnis des anderen beitragen könnten. Pech? Ja und nein. Der potenzielle Konfliktlöser ist nicht immer eine andere Person oder ein Gegner. Schließlich ist auch der andere in Konflikt mit uns – oder jemand anderen – und daher in einem Gefühlstumult. Wenn er seine Gefühle nicht in Zaum halten kann, könnte sich der Konflikt zwischen den Beteiligten vergrößern. Um aktiv zur Verbesserung einer negativen Gefühlssituation beizutragen, benötigen wir intelligentes Selbstmanagement. Hierfür gibt es das „ECC©" (Malzacher 2019). Das Rad des „Emotional Care Concept©" sollte diszipliniert zurate gezogen werden. So können wir unser Inneres bändigen, bevor wir – virtuell oder physisch – auf unser Gegenüber treffen. Denn ein unbändiges Inneres ignoriert Empathie (Einfühlungsvermögen) gegenüber uns selbst und anderen. Zudem schädigt es bekanntlich unsere Gesundheit, indem es unsere Körper-Seele-Geist-Balance zerstört.

Negativen Gefühlen liegt zumeist Furcht zugrunde oder das existenzielle Gefühl der Angst. Wer genau auf seine Befindlichkeiten schaut, kann erkennen, dass Ängste vor Zurückweisung und Verlusten, die Angst nicht akzeptiert zu sein, nicht dazuzugehören, ausgegrenzt zu werden oder Überlebensangst die Wurzel unserer negativen Gefühle sind. Demgegenüber steht die Überlebensangst bei physischen Bedrohungen. Gesellschaftlicher Unmut basiert auf der Furcht, dass wichtige öffentliche Organe der Organisation unserer Gemeinschaft ihre Arbeit nicht richtig tun. Beruflicher Unmut basiert zumeist auf Versagens- oder Verlustängsten. Andauernder Unmut gegenüber unseren Familienmitgliedern basiert ebenfalls auf einer Bedrohung, nicht dazuzugehören.

Trauer ist die Mutter der Angst vor Verlusten.
Negative Lebenserfahrungen können sich in unser unbewusstes Gedächtnis tief einbrennen. Trauer ist ein besonderes Gefühl, weil es eng mit erlebten Verlusten verbunden ist. Trauer kann einer Angst vor weiteren Verlusten zugrunde liegen.

Die Angst vor Verlusten ist die Mutter des Ärgers.
Wer in beruflichen Situationen mit offenen negativen Gefühlen von Kollegen oder Vorgesetzten konfrontiert ist, sollte sich darüber klar sein,

dass es diesen Menschen nicht gelingt, in diesem Moment ihr unbändiges Inneres zu zähmen.

Der Glückskompass, das ECC©, unterstützt als System der individuellen Psychohygiene die Selbstregulation, die unmittelbare Erleichterung bei negativen Gefühlen.

Wie wird ECC© angewandt?

Zunächst befehlen wir uns einen Gedankenstopp (1). Dann benennen wir unsere Emotion (2). Leiden wir unter Ärger, Wut, Neid, Scham oder Trauer? Diese Erkenntnis ist ein wichtiger Schritt zur geistigen und körperlichen Erleichterung. Im nächsten Schritt betrachten wir das Glückskompassrad und suchen die Stelle mit der benannten Emotion (3). Hier finden wir jeweils zwei weitere Hinweise (4). Zunächst machen wir den jeweils vorgeschlagenen körperlich aktiven Schritt. Bei Ärger und Wut legen wir zum Beispiel einen „Körper-Schongang" ein. Hier helfen Bewegung und Durchatmen im Freien, achtsame Atemübungen, Qi-Gong Übungen, EFT-Klopfen (Nelms 2016) oder eine kurze PMR-Übung (Jacobson 1990). Wer kann, geht auf einen (Wald-)Spaziergang. Erst jetzt nehmen wir unseren Intellekt hinzu (5). Nun folgen wir der nächsten Anleitung auf dem entsprechenden Abschnitt. Bei Ärger sollen wir uns nach unserem Anteil am Entstehen des Ärgers fragen und nach dem Anteil des Gegenübers. Dann entscheiden wir, ob es sich lohnt, weiterhin ärgerlich zu sein. Es kann sein, dass wir den Ärger innerhalb kurzer Zeit loslassen können. ECC© (1) hat seinen Dienst getan. ECC© (2) enthält weiterführende Übungen. Als weiteres wertvolles Tool benutzen wir die „Innere Gegenseite". Sie fördert Selbstempathie und Selbstrespekt.

Wie funktioniert dies? Wir stellen uns auf die Gegenseite unserer Emotion (Abb. 6.2). Hinter Ärger verbirgt sich eine Art Furcht. Die innere Gegenseite von Furcht ist Mut. Mut braucht Selbstvertrauen, damit wir uns trauen, dem Kollegen oder Chef mutig Fragen zu stellen, die zur Klärung eines Konflikts beitragen.

Finden wir die jeweils innere Gegenseite unserer momentanen Emotionen, haben wir einen wichtigen Schritt für unsere Persönlichkeitsbildung getan. Ein Anwendungsbeispiel finden Sie in Abschn. 8.4 in diesem Buch.

Emotional Care Concept© Emotionen	Innere Gegenseite Selbstfürsorge
Furcht/Angst	Mut, Beherztheit, Courage
Unmut	Sympathie, Langmut, Respekt
Ärger/ Wut	Zügelung, Sanftmut, Demut
Neid/ Missgunst	Güte, Gunst, Liebe, Wohlwollen
Eifersucht	Zuversicht, Vertrauen, Gleichmut, Respekt
Scham/ Schuld	Trost, Sicherheit, Vergebung, Ermunterung
Reue	Evaluation, Liebe, Verzeihen
Trauer	Trost, Hoffnung, Stolz, Heiterkeit, Dank

Abb. 6.2 ECC© – Negative Emotionen

6.4 Ein prägendes Ereignis

„Die Naturgesetze wurden mir in Indien erst richtig bewusst." Gert Simon lehnt sich auf seinem Sofa zurück. Er langt hinüber zu Katze Lena, die auf bunten Kissen liegt. Er krault sie am Hals. Ihr neues Lieblingskissen ziert ein indisches Ornament. „Was Resonanz bedeutet, ist mir jetzt klarer."

„Ja, und was ist das nun?", fragt sein Schachfreund.

„Eben, was genau hast du nun gelernt?" fragt der andere.

„Na, das mit den Gedanken: Alles schwingt, alles entspringt unseren Gedanken und Vibrationen, die wir aussenden. Alles hat mit uns selbst zu tun. Wir beeinflussen unsere Beziehungen zum Außen. Man sagt: Wie oben so unten, wie innen so außen."

„Das ist mir zu schwierig", sagt der Freund.

„Hm, klar, ich habe mal gehört, wenn ich auf die Straße gehe und denke, dass ich gleich überfahren werde, werde ich auch überfahren, meinst du das?", fragt der andere.

Gert Simon lacht. „Nein, so einfach ist es nicht. Dennoch ist es einfacher als man denkt. Wenn du denkst, du kannst etwas nicht, wirst du es auch nicht lernen wollen. Wenn du stattdessen denkst, du kannst es noch *nicht und möchtest es lernen, wirst du innere Motivation entwickeln, Interesse und Lerneifer. Ich kann sagen, dass ich dies erlebt habe." Er lehnt sich nach vorne und greift nach seiner Teetasse. Katze Lena springt vom Sofa und auf das Fensterbrett.*

„Jedenfalls hast du dich verändert, du trinkst mehr Tee als Bier. Deine neue Frisur!" Sein Freund steht auf und macht das Küchenfenster auf. Katze Lena springt hinunter auf das feuchte zarte Frühlingsgrass und weiter in ihre Astgabel. Er schließt das Fenster und dreht sich zu Gert Simon. „Es ist beinahe unheimlich wie anders du bist, aber es ist nicht schlecht."

„Ja, du bist lockerer geworden, offener!", bestätigt der andere. „Nicht nur deine Kleidung ist fröhlicher, du strahlst etwas Neues aus, das ich gar nicht kenne an dir."

Gert Simon stellt die Teetasse zurück. „Ich denke ich bin viel zufriedener, ja, sogar glücklicher.".

„Was ist denn dort passiert, in Indien?"

„Ich zeige euch ein Bild, dann werdet ihr verstehen, was passierte. Soll ich?"

„Gut", sagt der eine.

„Ja, mach", sagt der andere.

Gert Simon springt auf, holt ein Bild eines modernen Hauses aus seiner Schreibtischschublade, hält es hoch und ruft: „Das ist Vastu – in Indien.".

Die beiden Freunde tauschen fragende Blicke.

„Das ist Kamals Haus in Chennai, er hat Glück, sich so ein wunderbares modernes Zuhause leisten zu können. Jetzt kommt's: Das Haus ist nach den Naturgesetzen gebaut. Wohnraum und Grundstück müssen in Resonanz mit der Natur sein. Durch Vastu ist man sich sicher, dass der Mensch als Ganzes von der Qualität der Umgebung beeinflusst wird. In Indien nimmt man an, dass die Elemente – Äther, Luft, Erde, Wasser, Feuer – unser menschliches Befinden beeinflussen. Man sagt, dass chronische Krankheiten unserer schlechten Wohnumgebung entspringen. Im Positiven kann sie unsere bioenergetische Widerstandskraft stärken."

„Oh, komm, das ist doch esoterisches Geschwätz!", ruft sein Freund.

„Außerdem achten die dort doch nicht auf ihren Müll, lassen ihre Kühe auf der Straße spazieren, ist das Vastu?"

„Und was hat das mit dir zu tun?", ruft der andere.

„Ich habe mich in Indien mit den Naturgesetzen befasst. Ich bin begeistert, welche Verbindung ich mit der Natur in mir selbst erkannt habe. Das war mir zuvor nicht klar. Ein Gefühl war versteckt vorhanden, doch ich gab ihm keine Aufmerksamkeit. Jetzt fühle ich eine Verbindung mit der Erde, die mich stärkt. Nun weiß ich, es geht um mein Dasein. Früher sah ich mich als Person nicht,

vor allem nicht in Bezug auf die Umgebung. Andere Menschen, meine Umwelt ließen mich zeitweise kalt. Ich fand keinen Weg zu ihnen. Mein Job und meine IT-Programme waren mir das wichtigste. Nun habe ich verstanden, dass ich ein Teil des Ganzen bin."

Die Freunde schauen stumm vor sich hin.

„Gerne erzähle ich euch mehr, das kann auch euch eine ganz neue Sichtweise auf das Leben geben."

„Bist du sicher, dass du in keiner Sekte warst?", fragt der eine. „Sag bloß, du hast auch noch Yoga gelernt?"

„Ja, etwas, doch es war nur eine kurze Einführung. Kamals Frau hat mir das gezeigt, auch ein paar indische Tanzschritte."

„Kamals Frau, was macht die denn beruflich?"

„Ja, was macht Kamal überhaupt, dass er sich ein solches Haus leisten kann?", fragt der andere.

Gert Simon steht auf, geht hinüber zum Fenster und sucht mit dem Blick Katze Lena auf der Astgabel. Er öffnet das Fenster und schnalzt mit der Zunge. Schon springt sie auf das Fensterbrett. Er krault sie zur Begrüßung und schließt das Fenster.

„Sie arbeiten beide im IT-Geschäft. Die Großmutter kümmert sich um das Kind. Die Beziehung zwischen den Familienmitgliedern ist sehr eng; sie wohnen alle im selben Haus. So eine liebevolle Beziehung hatte ich zu meiner Mutter nicht. Mehr erzähle ich euch, wenn es passt. Ich hatte dort die bisher beste Zeit meines Lebens mit Kamal und seiner Großfamilie. Ich habe kein schlechtes Gewissen mehr gegenüber Kamal. Das wichtigste jedoch war, dass ich erleben konnte, wie bunt und herzerfrischend das Leben mit Menschen sein kann. Wenn ich mit Leuten aus anderen Teilen der Erde zusammen bin, spüre ich eine Art Neugier in mir. Dies war früher schon mit Kamal und den anderen indischen Kollegen so. Nun war vieles neu für mich und ich fand es interessant. Damals, in der Firma nahm ich mir keine Zeit, mich mit den ausländischen Mitarbeitern privat zu treffen. Zu Kamal hatte ich eine engere Beziehung. In Indien nun habe so viel gelernt wie nie zuvor – auch über mich. Ich kenne mich jetzt besser und weiß, dass ich noch mehr in meinem Leben erfahren und lernen möchte. Das macht mich froh. Schluss mit dem alten Trott."

„Gert, das hört sich an wie im Märchen", sagt der eine.

„Was erzählst du da!", ruft der andere.

„Das versteht ihr vielleicht eines Tages besser." Gert Simon sammelt Tassen und Teller zusammen und trägt sie hinüber zur Küche. Die Freunde schauen sich ungläubig an, ziehen ihre Jacken über. „Ich gehe noch ein Stück mit euch." Ein kurzes Streicheln über Lenas Fell, dann legt Gert sich seinen indischen Schal locker um den Kragen seines warmen Kapuzenshirts.

„So einen bunten Schal hätte ich dir nicht zugetraut, Gert."

„Nicht wahr?" Der andere greift nach Gert Simons Schal. „Mir gefällt er. Seide?"

„Tschüss Lena."

„Weißt du, bei Jiddu Krishnamurti geht es auch um Gewohnheiten, schlechte Gewohnheiten, und wie man diese abstellen kann."

Während sie Gert Simon lauscht, gehen Mines Gedanken hin zu sich. Ich habe einige schlechte Gewohnheiten, denkt sie, während sie sich nach vorne lehnt und auf ihre feinen Schuhe schaut. Mit ihrem Fuß malt sie sanfte Kreise in die Frühlingserde. Da fällt ihr Blick auf ein graues, verknittertes Ahornblatt vom letzten Herbst. Sie hebt es auf und hält es gegen die Sonne.

„Schau mal, die Adern des Blattes, wie fein, ist das nicht hübsch?"

„Ja, eine deiner Gewohnheiten ist, sich umzusehen und Dinge zu entdecken, die ich gar nicht sehe. Das ist eine interessante Gewohnheit."

Mine lächelt. „Über Krishnamurti ich habe schon mal gelesen, er muss ein außergewöhnlicher Mensch gewesen sein, kein Guru, nicht?".

„Nein, ich denke, er half den Menschen, weil er ihnen die Vorgänge des Denkens auf verständliche Weise erklärte. Durch seine Art des Redens zog er sie in seinen Bann."

„Was sagt er nun über unsere Gewohnheiten?" Mine kräuselt ihre Stirn.

„Er sagt, wir reden kontinuierlich mit uns selbst, das Gehirn hat keine Ruhe. Es fehlt ihm die Stille. Der Wille sei die Quintessenz des Wunsches. Wer eine schlechte Angewohnheit ablegen möchte, müsse sich zunächst dieser Angewohnheit bewusst werden. Er sagt, zunächst müsse man sich einer Gewohnheit bewusst sein. Ohne Fragen, ohne nachzudenken, sozusagen faktisch, sollte man die Angewohnheit erkennen und anerkennen. Ohne Erklärung oder Entschuldigung sollte man dieser schlechten Angewohnheit ganz klar ins Auge sehen. Wenn man sich seinen Denkmustern ganz und gar gewahr sei, dann hätte diese abzulegende Angewohnheit keinen Platz mehr in unserem Gehirn. In diesem Falle sei man sich bewusst, total aufmerksam und öffne damit die Tür zur Achtsamkeit für sich selbst."

Mine rümpft die Nase und rutscht auf der Parkbank hin und her. „Gert, ich bin die ganze Zeit aufmerksam gegenüber meinen Mitarbeitern und den Kunden und vor allem gegenüber dem neuen Besitzer unserer Firma!".

„Darum geht es nicht – das habe ich gelernt." Gert Simon lächelt Mine an. „Deine Aufgabe sollte sein, keine Energie zu verwenden auf Ärger oder Sorge wegen der schlechten Angewohnheit. Es geht darum, deine Automatismen zu kontrollieren. Dein Gehirn sollte absolut aufmerksam sein und auf dich aufpassen. Du kannst deinem Gehirn erklären, was es tun soll. Das muss man üben, immer üben und üben."

Mine schüttelt den Kopf. „Gert, was ist nur passiert mir dir; du bist so anders?".

Gert Simon legt ein Bein über das andere und schaut entlang dem mächtigen Stamm hinauf in die Krone und die Knospen des Ahorns. Er spürt ein kleines Strahlen in sich hochsteigen. „Ich denke, ich bin jetzt innerlich da – in mir erwacht, könnte man sagen? Jetzt weiß ich, dass das Leben mehr ist als Routine und Gehorsam."

Mine fühlt sich unruhig, ertappt. „Ist nicht alles Gehorsam, ja Pflicht?", murmelt sie laut vor sich hin. Sie erschrickt über ihre Worte. Zu spät, Gert Simon dreht sich zu ihr und schaut sie ungewohnt eindringlich an.

„Mine, ich dachte die Hälfte meines Lebens, Pflicht sei das Wichtigste; die Tugend schlechthin. Darüber hatte ich vergessen zu genießen. Ich wusste gar nicht, wie es ist, die Buntheit des Lebens zu erleben. Ich glaube, ich habe die Vielfältigkeit gar nicht hineingelassen in mein Leben. Stattdessen lebte ich Tag für Tag vor mich hin und dachte, mein Leben sei ein gutes Leben."

Mine neigt den Kopf. „War es das nicht für dich? Ich fand immer, dass ich ein gutes Leben habe, eine Firma, einen Job, einen Partner, gesund bin ich auch. Das ist doch ein gutes Leben, oder?".

„Ja, sicher, wenn man glücklich ist, ist wohl jedes Leben ein gutes Leben. Aber selten habe ich ein Glücksgefühl empfunden, nicht einmal mit meiner Freundin. In Indien sah ich Dinge, erlebte Menschen, die so anders waren, so froh gestimmt, zugeneigt und freundlich. Für diese Erfahrung bin ich dankbar. Zuvor wurde mein Leben von jemandem gelebt, den ich nicht kannte, und der war ich."

„Und nun?"

Gert Simon spürt Rührung über seine eigenen Worte in ihm aufsteigen. Nein, das lasse ich jetzt nicht zu, befiel er sich selbst, und an Mine gewandt fragt er: „Welchen Wunsch möchtest du dir erfüllen?".

Mit einem Ruck steht Mine auf, setzt die Sonnenbrille auf, rückt ihren Kamelhaarmantel zurecht, packt ihre lederne Handtasche und schaut in den blauen Himmel. Dann dreht sie sich in Gehrichtung Parkausgang. „Gehen wir Eis essen?".

Gert Simon springt auf. „Im März? Aber nicht hier! Ich kenne einen besseren Ort."

Zum ersten Mal seit sie sich kennen fahren Gert Simon und Mine gemeinsam in Mines Auto ohne Zeitdruck am Fluss entlang. Gert Simon möchte zum Schwalbennest.

„Wundervoll!" Mine nimmt ihre Sonnenbrille ab. Das Eis hatte sie auf dem Weg zur Ruine verschlungen. Die Märzsonne macht Frühlingsgefühle, auf den Wiesen frühe Gänseblümchen, vereinzelt Winterlinge. Burg Schadeck umrahmt

von roten Sandsteinfelsen mitten im Wald. Schwalbennest wird sie von Einheimischen genannt. Der Blick hinüber zur zweiten Burgruine und unten der Fluss, tiefblau der Himmel. Ein behagliches Gefühl steigt in ihr auf. Ihr Herz pocht. Heimat. Rührung. Das Gespräch mit Gert Simon erfüllt sie mit einem Gefühl der Verbundenheit.

Warum berührt mich dieser Mensch?, überlegt sie. Seine Kommunikation, sein Verhalten berühren mich. Ich brauche das Gefühl, in guter Beziehung zu sein. Plötzlich wird ihr klar, dass sie in den letzten Monaten wenige Menschen berührten; jedenfalls nicht so, wie es ihr mit Gert Simon jetzt ergeht. Während sie ihre Gedanken schweifen lässt, beobachtet sie ihn an der Burgmauer. Er sieht stärker aus, mit festerem Stand, findet sie. Auch seine neue Frisur, der bunte Schal lassen ihn von weitem als einen anderen erscheinen. Während er hinunter blickt auf den Fluss, geht ihr Blick in den Himmel. „Danke!", ruft sie stimmlos. „Danke für diesen Augenblick des Glücksgefühls!" Sie geht hinüber zur Mauer, wo Gert Simon gedankenverloren hinunterstarrt ins Tal. Auf dem Fluss zieht ein Lastenkahn vorbei. Lange stehen die beiden schweigend und schauen, der Sicherheit ihrer gegenseitigen Gegenwart gewahr.

Mine legt ihre Hand auf Gert Simons Arm. „Ich freue mich so, dass es dir gut geht!" Hinter der Sonnenbrille bildet sich eine Träne der Rührung. „Wie wunderbar, dass du diese Reise machen konntest!".

„Danke!" Gert Simon dreht sich um. „Das Erlebnis mit Kamal und seiner Familie hat mich gelehrt, Menschen mit anderen Augen zu sehen. Ob in Indien oder sonst wo auf der Welt spielt eine untergeordnete Rolle. Zunächst gabst du mir den Impuls, mich mit mir selbst zu befassen – durch deine Anwesenheit, deine Geduld, deine Hinwendung. Du warst es, die mich motivierte. Durch unsere Gespräche konnte ich meine Traurigkeit überwinden und neue Zuversicht gewinnen. Dafür danke ich dir! Auch, dass du dich während meiner Abwesenheit um Lena gekümmert hast."

Mine lacht. „Oh, das war auch für mich eine neue Erfahrung! Ich habe von Lena gelernt, dass ich Rücksicht nehmen muss auf ihre Bedürfnisse und keine Wahl habe, Nein zu sagen. Katzen mögen scheinbar keinen Master. Meine Bedürfnisse musste ich den ihren unterordnen. Lena nahm sich einen Platz auf meinem Sofa und verteidigte diesen vehement, wenn ich mich nährte.".

„Echt jetzt? Das macht sie bei mir nie. Klar, die Veränderung war riesig für sie. Als sie in meine Wohnung zurückkam, wollte sie sofort auf die Fensterbank und hinaus in den Garten. Sie beschnupperte alles, selbst die kleinsten Ecken in der Küche, als wolle sie Hallo sagen."

„Das kann ich mir gut vorstellen. Bei mir hielt sie sich fern von manchen Ecken. Das neue Zuhause im vierten Stock eines Mehrfamilienhauses und mit einem kleinen Balkon, keinem Garten. Welch dramatische Veränderung! Kaum wurde sie zugänglicher, waren die Wochen auch schon wieder um."

6.5　Mut für den Perspektivenwechsel – wertvolle Beziehungen aktiv gestalten

Gert Simon und Mine machen inzwischen Erkenntnisschritte bezüglich ihrer mentalen Kästchen. Menschen ändern ihr Verhalten ohne Anlass kaum. Unsere intrinsische und extrinsische Motivation ist für unser Lernen und jede bewusste Veränderung verantwortlich. Wenn wir große Veränderungen meistern müssen, werden wir auch häufig zu flexiblerem Verhalten gezwungen. Gert Simon erfuhr eine einschneidende Veränderung, als er unerwartet arbeitslos wurde. Dies warf ihn aus der Bahn. Den Schock konnte er kaum aushalten. Seine Emotionen reichten von der Nicht-akzeptanz über Anklage und Mutlosigkeit bis hin zu Existenzängsten und der schlussendlichen Erkenntnis, dass er professionelle Hilfe brauchte. Nie wieder würde er derselbe sein, darüber war sich Gert Simon klar. Wer und wie würde er sein wollen? Nach vorne schauen gelang ihm nicht. Ein weiteres Verlusterlebnis beutelte ihn, als seine Mutter starb. In totalem Rückzug kugelte er sich ein, einsam, mit Rachegedanken und fehlender Zuversicht. Diese Situation endete, als ihm ein Coach von der Agentur für Arbeit zur Seite gestellt wurde. Beinahe gleichzeitig geschah die zufällige Begegnung mit Mine. Herausfordernde Kommunikation und ungewohntes Verhalten bemühten seine erwidernde Reaktion. Diese Herausforderung nahm Gert Simon an. So entstand ein neues Subsystem in seinem Leben. Sein altes System hatte sich verändert, denn seine Mutter war ver-schwunden, seine Freunde stützten ihn mit gewohnten Treffen, doch es wurde immer klarer, dass er aus diesen Treffen nur ein Quäntchen Sicherheit zog, nicht mehr. Katze Lena war sein letzter emotionaler Anker.

Beinahe zwei Jahre lang war er arbeitssuchend gewesen. Die Meta-morphose des Gert Simon begann, als er die Entscheidung traf, Neues in sein Leben zu lassen. Damals musste er entscheiden, wie viel Raum er dem Neuen geben wollte. Eine bewusste Entscheidung über die Quanti-tät oder Qualität der Beziehungen traf er nicht. Stattdessen tröpfelten seine Treffen mit dem Coach und Mine unreguliert dahin. Für Strategien hatte er keinen Kopf. Die Dinge entwickelten sich passend zu seiner Person; keine Eile, keine Kontrolle und doch ein Weg. Obwohl er eine Abfindung bekommen hatte, könnte man sagen, dass Gert Simons langatmige, halb-herzige Suche nach einem neuen Leben den Steuerzahler schließlich viel Geld kostete. Doch anders als unsere digitalen Helfer und kommenden Roboter sind Menschen eben Menschen mit starken Gefühlseinflüssen, aus denen manchmal unvorhersehbare Verhaltensweisen resultieren. In Deutsch-land sind wir uns der Unterstützung der Solidargemeinschaft sicher. Bei existenziellen Problemen garantiert man uns heute noch eine gewisse Zeit und bezahlt manchmal sogar mentale Unterstützung, bis wir uns wieder gefangen haben.

Werden Menschen auch in Zukunft eigeninitiativ an die Gemeinschaft zurückgeben, was sie von ihr erhalten haben? Bleibt das jeweilige Verständ-nis des Prinzips „Sozialstaat" zukünftig dem Zufall und einem fleißigen, interessierten Leser des Internets überlassen? Auf der Suche nach einer sinn-vollen Neuausrichtung sind Menschen mit ihrem Interesse am anderen, ihrer Zuwendung und ihrer Präsenz unersetzlich. In den vergangenen Jahren der Digitalisierung begannen wir allerhand Gedankenexperimente und praktische Anwendungsversuche mit KI. Ein mutiger Perspektivenwechsel ist nötig, um den vielen engagierten Begleitern im Sozial- und Gesundheitswesen, in Organisationen und Betrieben wertschätzend gegenüber zu treten und ihre Menschlichkeit zu verteidigen. Mehr noch, Menschen brauchen andere Menschen für den gelingenden Umgang mit ihren Gefühlen. Wie beginnen wir unsere Metamorphose zur beruflichen Sinnerfüllung gestärkt durch unsere beruflichen und privaten Kontakte? Erlauben wir uns, auch in Zukunft in engen Kontakt zu gehen mit physischen Geschäftspartnern, oder stören diese nur die Effektivität und Effizienz unserer Bestell- und Ausführungssysteme? Wie schön, dass sich heute immer noch freundliche Hotline-Mitarbeiter um uns kümmern, dass wir, wenn wir durch nervige automatische Weiterleitungssysteme geschleust wurden, einen Menschen mit uns sprechen hören.

In China glaubt anscheinend die Mehrheit der Bevölkerung, KI-Systeme könnten nahezu alle Aspekte des Lebens verbessern. „Vor allem, wenn diese Computersysteme intelligent sind, also aus Daten selbstständig lernen und Prognosen und Entscheidungen ableiten", so ein Autor im Handelsblatt (Scheuer 2018a). Sogenannte „Vertrauensbrecher" würden aufgrund staatlicher Überwachung durch digitale Systeme von Flug- und Bahnreisen abgehalten. Man unterscheidet zwischen schlechten und guten Bürgern. Letztere, die sich nicht negativ äußern oder alle Regeln einhalten, werden geehrt durch große Plakate mit ihrem Konterfei. China würde planen, bis 2020 landesweit ein Sozialpunktesystem einzuführen. Viele Chinesen teilten ihre Akzeptanz für diese Art der Überwachung, weil sie ohnehin niemandem trauten, so der Autor. Dabei habe ich aus jahrelanger Erfahrung mit chinesischen Klienten gelernt, dass man als Westlicher grundsätzlich immer wieder neu mit prüfendem Blick betrachtet wird bei mehreren Gelegenheiten, bis uns das chinesische Gegenüber vertrauen möchte. Es gilt also Zeit und Geduld einzubringen, wenn wir von außerhalb des Systems eine Hierarchie bedienen möchten.

Hätte der teilweise abwesende, lustentbehrende und in seiner IT-Welt gefangene, stets zuverlässige Gert Simon mit einem blau-grünen DISG-Profil (Scullard und Baum 2015) im heutigen China gelebt, wäre er womöglich diesem totalitären System zum Opfer gefallen und hätte es nicht einmal bemerkt. Er hätte mitgemacht, ohne über die Folgen für sein Leben nachzudenken. Er hätte sich von seinen „Freunden" im sozialen Netzwerk getrennt, weil deren Sozialpunktestand zu niedrig war. Wenn er nicht die Gelegenheit bekommen hätte, über den Tellerrand des Systems zu schauen, hätte er möglicherweise nie erfahren wie es ist, ein Leben in geistiger und physischer Freiheit zu leben.

Doch Gert Simon hatte das Glück, Menschen zu treffen, denen er nicht egal war. Er ließ diese Menschen in sein Leben. So konnte er über die Zeit andere Sichtweisen einnehmen. Er konnte Gefühle bewusster erleben und seine Kästchen als kognitive Voreingenommenheit, „Cognitive Bias", erkennen. Die magischen Prozesse der Annäherung durch Mine und seinen Coach, welche nur Lebewesen wie Menschen gegenüber anderen Menschen gelingen kann, brachten Gert Simon Augenöffner, erlaubten ihm sogar das Eintauchen in eine andere Landeskultur. In geistiger Freiheit konnte er sich trauen, Beobachtetes für seine eigene mentale Entwicklung außerhalb bestehender Kästchen zu nutzen. Dagegen gleichen humanoide Roboter sprechenden Spielpuppen, welche durch programmierte Sprachmuster weder Empathie noch Herzenswärme für das Gegenüber aufbringen können. Als Menschen üben kindliche Puppenbesitzer schon immer, ihren künstlichen Spielgefährten Emotionen zuzusprechen. Erwachsene Roboterpuppenspieler verzetteln sich nach meiner Meinung mit derartigen Aufgaben.

Ab 2020 soll ein landesweites Sozialpunktesystem in China an den Start gehen. Je nach Punktestand kann man bei Alibaba einen Sofortkredit erhalten. Wir dürfen uns fragen, ob Menschen in China vor Angst, ihre angestrebten Sozialpunkte nicht zu erreichen, ihre Handlungen zukünftig weiter diszipliniert nach „Schema F" durchführen werden, statt flexibel und situativ zu entscheiden. Menschen werden von „Freunden bei Alibaba zu Kontrolleuren", denn Menschen, die mit anderen mit niedrigen Sozialpunkten befreundet sind, werden ebenfalls heruntergestuft (Scheuer 2018b). Werden die Gehirne der Chinesen damit auf lange Sicht statischer, weniger interessiert? Wird die wunderbare Plastizität des Gehirns somit eingedämmt? Büßen die Menschen durch diese Eingeschränktheit Intelligenz ein? Werden sie alternative Verhaltensweisen gar nicht erst versuchen, weil ihnen ein herzloser Algorithmus vorgibt, wie sie sich verhalten sollen?

Berufliche Beziehungen können auch in der digitalisierten Zukunft ausschließlich durch menschliche Eigenschaften, Werte und Vertrauen gestaltet werden. Was an Herzensbildung in Schulen und Weiterbildungsinstituten zumindest in den drei letzten Dekaden versäumt wurde, sollte schleunigst aufgeholt werden, damit Menschen den Wert des Menschlichen spüren.

Literatur

Hamid M (2012) The Reluctant Fundamentalist. Klett, Stuttgart

Jacobson E (1990) Entspannung als Therapie. Progressive Relaxation in Theorie und Praxis. Aus dem Amerikanischen von Karin Wirth, 7., Aufl. Klett-Cotta, Stuttgart

Nelms J (2016). The Effectiveness of Emotional Freedom Techniques in the Treatment of Posttraumatic Stress Disorder: A Meta-Analysis. J Sci Healing 13(1)

Rosenberg M (2002) Non-violent communication: a language of compassion. ebrand – edbooks.com

Scheuer S (2018a) www.handelsblatt.com/politik/international/totale-ueberwachung-darum-befuerworten-viele-chinesen-das-sozialpunktesystem/22834722.html. Zugegriffen: 7. 2018

Scheuer S (2018b) Wie Peking mit Supercomputern „Vertrauensbrechern" das Leben schwer macht, Handelsblatt 10/2018

Scullard M, Baum D (2015) Everything DiSC® Manual. Wiley, Minneapolis

7

Vertrauen – urmenschliche Grundlage für gute Beziehungen

Vertrauen ist ein Geschenk. Ein Geschenk muss nicht erarbeitet werden; es wird freimütig gegeben. Der Mensch schenkt Vertrauen, wenn er seine Werte vom Gegenüber als respektiert erkennt. Damit fühlt er sich in der Umgebung des anderen wohl. Es geht bei Vertrauen also um den Respekt für einen Schatz von Werten. Menschen sehen einen Schatz weithin als bedeutenden Besitz. Unsere Werte sind ein kostbares mentales Vermögen, welches uns nicht verloren gehen darf. Wird dieser Schatz beschädigt, entsteht in Menschen eine starke emotionale Reaktion. Werte sind immer in Gefahr. Wer sie nicht kennt, kann sie nicht respektieren, es sei denn, er besitzt dieselben. Missachtete Werte werden unverzüglich zum Stressor für den Besitzer und der Missachtende zum Schuldigen.

Wie können wir also Vertrauen aufbauen für gelingende berufliche *und* private Beziehungen?

Neben Aufmerksamkeit für das Gegenüber braucht es achtsamen Umgang mit den eigenen Werten. Was wir schätzen und erwarten, sollten wir auch geben wollen. Sehe ich einen wichtigen Wert für mich in „Fairness in körperlicher und mentaler Freiheit", müsste ich meinem Gegenüber auch Freiheiten geben und ihm gleichzeitig erklären, wie ich Fairness für mich definiere. Jemand mit einem stark kontrollierenden inneren Antreiber, kann die hier erwähnte „Freiheit" kaum als eigenen Wert schätzen. Möglicherweise zeigt dieser Mensch egoistische Züge. Ihrem Team sollte eine Führungskraft daher zu jederzeit die eigenen Werte mitteilen und die Werte des Gesamtteams besprechen. Diese Handlung verlangt ICH-KULTUR®, wie in Abschn. 5.2 anhand des ICH-Pitches© erklärt wurde.

© Springer Fachmedien Wiesbaden GmbH, ein Teil von Springer Nature 2020
J. Malzacher, *Berufliche Beziehungen gestalten mit ICH-KULTUR*,
https://doi.org/10.1007/978-3-658-29975-0_7

Zum allgemeinen Werteverständnis einer Organisation begann man, vor einigen Dekaden Unternehmensleitbilder zu erstellen. Daraus sollte sich eine Unternehmenskultur ableiten. Im Falle des Dieselskandals haben sich neben Audi und Volkswagen alle anderen deutschen Automobilhersteller zu meinem größten Bedauern jahrzehntelanges Vertrauen verspielt. Ihre Leitbilder waren sozusagen für die Katz. Nach meiner Erfahrung werden Leitbilder in den seltensten Fällen konsequent gelebt und auch nicht regelmäßig überprüft. In meinen Peercoaching-Gruppen wurde häufig bemängelt, dass Schlagworte wie zum Beispiel „Kooperation" oder „Transparenz" von Führungskräften praktisch nicht gelebt würden und daher keinerlei Bedeutungskraft für die Mitarbeiter haben. Für mich gilt, wenn Mitarbeiter ihre Verantwortung für Leitbilder nicht erkennen, darf man der entsprechenden Führungskraft ein Versäumnis vorwerfen.

In seinem Buch „Schnelligkeit durch Vertrauen" listet Stephen M.R. Covey die Vertrauensregeln auf (Covey und Merrill 2006, siehe Abb. 7.1). Diese sollten Sie in Ihrem (agilen) Team besprechen, und zwar bei jedem On-Boarding im neuen Team.

Abb. 7.1 Vertrauen schenken

7.1 Annäherung

Vertrauen braucht Annäherung. Dieses gegenseitige In-Sequenzen-aufeinander-Zugehen kennt jeder, der Menschen auf traditionelle – nicht virtuelle – Weise kennenlernt. Gemächlich oder schnell, doch immer in Sequenzen, nie auf einen einzigen Wurf verläuft die Annäherung. Keiner kann sagen, er kenne jemanden nach einer einzigen Begegnung. Auch der erste Eindruck, der scheinbar anhaltend beeinflusst, kann durch eine reflektierte, wohlwollende Brille verändert werden. Wer sagt: „Ich kenne XY", meint mit dieser Ausdrucksweise zumeist, er sei der betreffenden Person schon einmal begegnet. Im Englischen sagt man daher auch, wie ich finde, treffender: „I've met him/her", statt „I know her/him", also: „Ich haben ihn schon einmal getroffen."

Wenn man jemanden immer besser kennenlernt, geschieht ganz von selbst eine Art Abgleich in uns. Wir spüren intuitiv, wer uns gefällt, die Spiegelneuronen (Spiegelnervenzellen) tun ihr Eigenes dazu. Sie sind verantwortlich für unser Gehirn zum Schwingen bringende Resonanzphänomene. Durch Empathie können wir uns auf andere einschwingen und mitfühlen. Der Neurobiologe Joachim Bauer nennt Resonanz einen „gemeinsamen, zwischenmenschlichen Bedeutungsraum" (Bauer 2016). Unsere Mimik reagiert auf Verbalisiertes und non-verbale Wahrnehmung manchmal extrem fein und kaum wahrnehmbar. Beziehungskompetenz benötigt nach Bauer Mutualität, also Gemeinsamkeit, (Bauer 2006) mit den im Folgenden genannten Aspekten:

- Sehen und gesehen werden
- Gemeinsame Aufmerksamkeit
- Emotionale Resonanz
- Grundsätzliche Kooperationsbereitschaft
- Gemeinsames Handeln
- Verstehen von Motiven und Absichten

Die Intensivierung von Beziehungen oder der Rückzug daraus entstehen auf natürliche Weise. Aufmerksame Beobachter erkennen, dass die Initiierung, Pflege oder das Beenden von geschäftlichen Beziehungen in Prozessen vonstattengehen.

In den Anfängen seiner Entwicklung ließ Gert Simon Beziehungen einfach geschehen, statt sie aktiv mitzugestalten. Die beziehungsorientierte Mine spürte vor drei Jahren intuitiv, dass sie ihr Bedürfnis nach Neuem befriedigen könnte, indem sie Gert Simon ohne nachzudenken auf der Parkbank ansprach. Dass sie daraufhin mit ihm in Kontakt blieb, könnte ihrem damals neu gewonnenen Gefühl des Selbstentscheiden-Könnens entsprungen sein, sowie einem zunächst nicht erklärbaren Gefühl von Verbundenheit zu einer fremden Person, Gert Simon. Beide fühlten sich unsicher in ihrer momentanen Situation. Im Laufe der Zeit merkten Gert Simon und Mine unabhängig voneinander, dass sie trotz ihrer Unterschiedlichkeit wichtig füreinander geworden waren. Ihre Beziehung wurde freundschaftlich mit einem Hauch Innigkeit bis hin zu gefühlt unauflösbar. Beide gewinnen nicht nur Freude aus dieser Beziehung, sie befruchten sich auch mit Informationen. In der Tat haben sie Glück. Bei ihren Treffen ist Gert Simon jedes Mal gehalten, sein Kästchen zu verlassen. Herausforderung durch Mines Sichtweisen kann er leicht zulassen. Eines Tages begrüßt er sie sogar in seiner Wohnung. Mine verließ vor einiger Zeit ihr Kästchen, indem sie sich dazu entschloss, alleine zu leben. Möglicherweise hätte Mine den damals mutlosen Gert Simon nie kennengelernt, hätte sie sich nicht selbst mutlos gefühlt. Gleichgestimmtheit brachte Gemeinschaft. Während ihrer Treffen bringt der Austausch bis heute für beide neue Sichtweisen. Beide schätzen die Zeit in der Natur, beide sind gefühlsbetont, beide hören sich gegenseitig interessiert und respektvoll zu. Nun, da Gert Simon mit einer veränderten Sicht auf sein Leben aus Indien zurückgekehrt ist, richtet sich der Kompass ihres kleinen Freundschaftssystems neu aus. Wie wird sich diese Beziehung entwickeln? Kann auch Mine neue Perspektiven ausprobieren, damit auch sie aus ihrer emotionalen Gefangenschaft ausbrechen kann? Der wettbewerbslose Austausch von Sichtweisen hilft, ihre Freundschaft zu festigen. Schnittmengen fördern Freundschaft und Zusammenarbeit. Suchen wir daher Schnittmengen mit Kollegen außerhalb beruflicher Aufgaben.

Kann zu viel Gleichklang schläfrig machen? Wann gelingt Beziehung und in welcher informellen Rolle möchten wir in beruflichen Beziehungen auftreten? Wie stark unterstützt die wachsende berufliche Freundschaft den Selbstwert? Wie können gute Beziehungen gegen emotionalen Stress helfen?

7.2 Tipps für den selbstkompetenten agilen Beziehungshelden

Finden Sie gute, herzerfrischende Beziehungen für den Berufsalltag und gleichermaßen privat. Diese werden Ihnen durch schwierige Lebenssituationen hindurchhelfen. Allerdings nur dann, wenn sie fest und verlässlich sind, wettbewerbsfrei und wohlwollend, liebevoll und treu, steinhart wie ein Naturgesetz. Schätzen Sie ihre beruflichen Beziehungen offen wert, transparent und humorvoll. Kennen Sie Ihre Werte und Bedürfnisse und die Ihres geschätzten Beziehungspartners. Zeigen Sie mutig Ihre Wünsche und Ziele. Überprüfen Sie Ihre Emotionalität, Temperament und Stressoren. Pflegen Sie Ihre Beziehungen, indem Sie sich über Ihr Nähe- und Distanzbedürfnis klar sind und verlässlich KEK© („Konsequent Empathisch Kommunizieren", Malzacher 2019) praktizieren. Üben Sie Kritik mit einer Feedbackkultur, statt Menschen ärgerlich vor anderen bloßzustellen. Seien Sie ehrlich.

Beziehungsaufbau II

- **Nehmen Sie eine innere Haltung bewusst an.** Neutral, aber interessiert auf neue und alte Kontakte zugehen. Fragen Sie sich, was Sie über sich lernen können, wenn Sie mit dieser Person reden.
- **Überprüfen Sie ihre formale Rolle.** Sind Sie Gast, Leader, Zuhörer, Mitarbeiter, Vorgesetzter, Freund etc.?
- **Überprüfen Sie Ihre informellen Rollen.** Vorsicht Falle. (Berne 1964)
- **Vermeiden Sie die Aussage: „Ich kenne ihn/sie."** Besser ist „Ich bin ihm/ihr begegnet." Der eigene Bruder, die eigene Schwester oder die Freunde, Ihre Eltern, mit denen Sie ein liebevolles Verhältnis haben, kennen schließlich auch nur Mosaiksteine Ihres Selbst.
- **Halten Sie es mit Abraham Lincoln,** der einmal sagte: „I don't like that man. I must get to know him better." (Fletcher 1952)
- **Üben Sie Smalltalk.** Gehen Sie in Resonanz mit dem Gegenüber. Im willigen und lockeren Austausch bewusst nach Gemeinsamkeiten suchen.
- **Stecken Sie Menschen nicht in eine Box.** Der erste Eindruck trügt. Der Mensch ist viel komplexer. (Böschemeyer 2010)
- **Annäherung erfolgt in vielen kleinen Schritten.** Lassen Sie sich Zeit. Erst nach mindestens drei zufriedenstellenden Gesprächen sollten Sie sich fragen, wie wichtig Ihnen die entsprechende Person als Mensch ist.

7.3   Grundlagen der Kommunikation für erfolgreiche Beziehungen

Beziehung ist Geben und Nehmen, nicht nur als Handlung sondern auch in Gedanken. Wenn unsere ersten Gedanken am Morgen einem anderen Menschen gehören, hat unsere Beziehung zu diesem Menschen mindestens in diesem Moment eine besondere Qualität. Sie ändert sich möglicherweise in Phasen, wird stärker, schwächer, breiter. Netzwerkforscher klassifizieren Beziehungen und die Rollen der Akteure zum Beispiel in „Starke Beziehungen verbinden Freunde, schwache Beziehungen vernetzen Bekannte" (Avenarious 2010). Wir wissen, dass Beziehung auch ohne intensive Kommunikation vorhanden ist. Geistig sind wir immer in Beziehung mit unserer Ursprungsfamilie, den Kindern, die längst aus dem Hause sind oder ehemaligen Lebensgefährten verbunden, doch es ist die Qualität der Beziehung, die uns gut tut oder nicht. Unsere Empfindungen zu den einzelnen Menschen, den Grad des Gebens und Nehmens beeinflussen wir und die anderen gleichermaßen. Für eine gute Beziehung ist eine Balance ausschlaggebend.

Eklatant ist ein neueres Beispiel von misslingender Beziehung durch problematische Kommunikation mit riesiger globaler Auswirkung. Vertrauensvoll wandte sich ein chinesischer Arzt in Wuhan mit seinen Befürchtungen an seine Kollegen, nachdem sieben Patienten auf der Notfallstation in Quarantäne kamen. Dr. Li Wenliang wurde mitten in der Nacht von Beamten der Stadt Wuhan zur Aussage gerufen, warum er seine Bedenken verbreitete. Drei Tage später verlangte die Polizei von ihm die Unterzeichnung eines Statements, dass er sich illegal verhalten hätte (Buckly und Meyers, NYTimes 2020). Auf sozialen Medien entluden sich indes Unverständnis und Wut aufgrund dieser Verheimlichungen einer autoritären Stadtregierung. Vertrauen an sich ist nach meiner jahrelangen Erfahrung mit chinesischen Menschen ein zweischneidiges soziales Schwert. Hier finden wir eine hohe Hierarchieorientierung in solch kollektivistischer Gemeinschaft, dort gibt es unter Jüngeren höchsten Individualitätsanspruch. Einen inneren Kompass in einem solchen Gemenge auszurichten, halte ich für eine schwer zu lösende Aufgabe für das individuelle Selbstvertrauen.

Hell und Dunkel, der Sonne zugewandt und der Sonne abgewandt, energiegeladen und ruhegeladen gehören als chinesisches Yin und Yang zu den naturbezogenen Tatsachen des Lebens auf der Erde. Das ältere Prinzip stammt aus Indien. Dort beschrieben als heiliger Raum Yoni (Gebärmutter) und Linga (in der Gebärmutter) ein lebensgestaltendes System des

Weiblichen und Männlichen, des Ruhigen und des Energetischen schon vor 6000 Jahren die Sicht auf das Leben. Quellen berichten, hinduistische Tantra wurden mit buddhistischen verschmolzen, wodurch Yin und Yang entstand. Beide repräsentieren die fundamentalen Pole des Positiven und Negativen, des Lichts und des Dunkels, des Entstehenden und des Zerstörenden, des Geistes und der Materie, der Seele und des Körpers.

In unserer Kommunikation mit Menschen streben wir manchmal intuitiv eine Balance an. Wir wünschen uns ein positives, harmonisches Zusammenspiel. Ein anderes Mal gelingt uns dies nicht, weil sich negative Gefühle in den Vordergrund drängen und wir uns ihnen hingeben, statt konstruktiv mit der uns gebotenen Information umzugehen. Disharmonie – zumindest in unserem Inneren – ist das Resultat. Zu Recht dürfen wir uns glücklich schätzen, wenn Beziehungen gelingen, auch bei Dissens. Unterschiedliche Meinungen stören gute Beziehung nicht. Feinde reden nicht miteinander. Manche kommunizieren oft tragisch aneinander vorbei oder aber missverständlich in Fremd- und Fachsprachen.

Wir wissen, Emotionales trifft und macht betroffen. Emotionen bestimmen Beziehungen. In der globalen Geschäftswelt verzeihen wir uns gegenseitig fremdsprachliche Fehler oder die Unkenntnis regionaler Mentalitäten. Persönlich oder geschäftlich fragile Beziehung benötigen viel Zeit und Nerven. Daher gelten diese Fragen als Faustregel für geschäftliche und private Beziehungen:

1. **Welche Bedeutung hat dieser Mensch für mich?**
2. **Welche Art der Beziehung strebe ich an?**
3. **Was erwarte ich und was erwartet der andere?**

Ändert sich das Geben und Nehmen in einer Beziehung, wird das aktive Yang zum passiven Yin und umgekehrt. Weiß (Yang) und schwarz (Yin) ändern sich in entgegengesetzte Pole. Ein Polsprung der Beziehung? Nun ist es an der Zeit, sich zu fragen, ob uns diese Beziehung noch wichtig ist. Braucht sie eine Pause, soll sie sich verändern oder möchten wir sie ganz auflösen. Jede Beziehung ist Kommunikation, jede Kommunikation ist Beziehung.

Freunde und Geschäftspartner kann man sich aussuchen, Familie nicht. Wie schön, wenn innerhalb der Familie freundschaftliche Beziehungen entstehen. Berufliche Beziehungen werden in unterschiedlichen Regionalmentalitäten verschiedenartig gelebt. Speziell geschäftliche Beziehungen im globalen Miteinander benötigen Sorgfalt. Wieder benötigen wir Annäherung sowohl sprachlich als auch unseren Logos betreffend. Jeder misst seinem „Logos" (Geistigem Ausdruck, Sinn, Wort) eine andere Bedeutung zu. Gleichzeitig erhält unser Gegenüber einen Stellenwert für uns. Das ist menschlich. Doch, wir können es wagen, dem anderen zuzuhören, seinen „Logos" gelten zu lassen, seiner Logik zu folgen. In unserer kompetitiven Welt jedoch sind Missverständnisse vorprogrammiert. Habe ich das alleinige Ziel, mächtiger, gewinnender oder höher zu sein als mein Gegenüber? Entsprechend werde ich kommunizieren. Dann habe ich meinen „Logos" über alles andere gestellt. Schade, denn möglicherweise habe ich während einer Diskussion etwas Interessantes verpasst, nämlich die Sichtweise des Gegenübers. Geht es um blanke wissenschaftliche Fakten, vertrauen wir heute auf Empirik. Temporär Zwischenmenschliches kann sich oft kaum auf empirische Fakten verlassen, zu stark wirkt menschliche Bindung. Menschliche Bindung ist gestaltete Beziehung, daher sind im Konflikt weitere Fragen wichtig:

- **Was brauche ich im Moment?**
- **Was möchte ich in meiner Rolle erreichen?**
- **Was möchte der andere?**
- **Was tut mir gut?**
- **Was möchte ich wie umsetzen?**

Trotz Konflikt kann Beziehung gelingen. Dennoch ist es ein Glück, wenn unsere Beziehungen gelingen, denn dafür braucht es den unbedingten Willen. Ignoranz oder Indifferenz haben keinen Platz, wenn ein Mensch einem anderen Menschen wichtig ist. Nun dürfen wir uns fragen:

1. **Welche Bedeutung hat dieser Mensch als Mensch für mich?**
2. **Welche Art der Beziehung mit diesem Menschen strebe ich an?**
3. **Was erwarte ich und was erwartet der andere?**

Sie denken, nur beziehungsorientierte Menschen würden sich dies fragen? Sind wir nicht alle beziehungsorientiert?

Aber sicher, doch die interkulturelle Soziologie teilt Menschen in mehr oder weniger beziehungsorientierte menschliche Spezies ein. Kästchendenken hilft, Komplexes zu vereinfachen. Dennoch sollten wir uns selbst betrachten und entscheiden, wie wir ticken, was uns wichtig ist und was wir brauchen. Wer sich über sich klar ist, kann auch darüber sprechen, es sei denn, er strebte ein strategisches Hinters-Licht-Führen an. In diesem Falle streiken die sensiblen Sensoren mancher Involvierter und erkennen den Unehrlichen. Schon entsteht ein Vertrauensproblem.

Welche Werte bestimmen Ihr Tun und wie erreichen Sie in Ihrem beruflichen und privaten Leben kongruentes Handeln? Als mental kongruent sehe ich, wer sein Tun mit seinen Werten privat und auch geschäftlich nicht prostituiert. Wer seine Werte geklärt hat und nach ihnen lebt, wird hin und wieder in Versuchung geraten, sie aus bestimmten Beweggründen zu verleumden. In der Folge plagt uns unser Gewissen. Wenn dies geschieht, dürfen wir uns unserer ganz persönlichen ICH-KULTUR© erinnern. Sie ist ein flexibles System des feinen Erkundens, des Erfahrungen-Sammelns, des Lernens, der Klärung über unsere gesamte Lebenszeit. Immer begleitet sie uns, immer befruchtet sie unser Nachdenken, zu jeder Zeit kann sie ein Anker sein, kann Friede mit uns und in uns selbst bringen. Wenn wir uns ihrer klar sind, werden wir unsere Beziehungen überdenken, gestalten und genießen. So werden sie gelingen.

7.4 Berufliche Beziehungen bewusst und zielorientiert pflegen

Ich arbeitete einmal für eine Firma, wo Einkäufer aufschneiderisch behaupteten, sie wären dicke Freunde mit den ausländischen Lieferanten. Sie waren überzeugt, dass sie daher beste Konditionen und Preise für ihre Firma erreichten. In einer anderen Firma erklärte man mir, zu enge Beziehungen mit ausländischen Geschäftspartnern wären gefährlich, man würde sich emotional abhängig machen. In einer anderen Firma sagte man mir, Vertrauen zum Geschäftspartner gäbe es nicht, doch das Geschäft wäre wichtig. Wirklich gefährlich werden solche Einstellungen, wenn die Person des Geschäftspartners plötzlich wechselt und „andere Saiten aufzieht". Nun gilt es nämlich, Vertrauen aktiv neu aufzubauen, und zwar beiderseits. Meine eigenen Erfahrungen sind diesbezüglich vielfältig. Als mein Ansprechpartner nach vielen Jahren in einer Kundenorganisation wechselte, war mein neues Gegenüber weder fachlich kompetent noch interessiert. Es gelang mir nicht, die neue Fachexpertin von der Zeit angepassten Inhalten interkultureller Kompetenztrainings zu überzeugen. Obwohl sie meine Trainings nie besucht hatte, wünschte sie auch nach fünf Jahren ein und derselben Trainings, dass alles beim Alten bliebe. Sie stellte Hierarchiebewusstsein und ihr Verlangen nach Autoritätshörigkeit an mich über eine, zugegeben arbeitsintensive, Verbesserung der Trainings. Mir blieb nichts anderes übrig, als mich ohne Groll anzupassen. Meine Motivation litt bei Folgeprojekten.

Fehlt das gegenseitige Interesse an einer Zusammenarbeit, kann diese nicht reibungslos gelingen. Mutualität ist essenziell beim Aufbau von Vertrauen in beruflichen Beziehungen; in allen Beziehungen. Gibt unser

Bauchgefühl wenig her, sollten wir mit dem Mitarbeiter, Kollegen oder Geschäftspartner ein vertrauensbildendes Gespräch führen. Unsere eigene Haltung ist dabei ausschlaggebend. Mut ist wesentlich, Arroganz sollte einer Art Demut weichen.

Wenn wir berufliche Beziehungen aktiv gestalten möchten, sollten wir die Wichtigkeit dieser Beziehung überdenken. Dementsprechend wird die Pflege dieser Beziehung ausfallen. Einige Tipps für den selbstkompetenten, agilen Beziehungshelden finden Sie an markierten Stellen im Buch.

Vertrauensaufbau geht nur mit Ehrlichkeit. Vorbehaltloses Interesse und der Wille, das Andersartige zu akzeptieren, statt zu bewerten, gelten gegenüber allen Ethnien. Hierzu gibt es eine einfache Faustregel: Fragen wir uns, was wir aus der Beziehung über uns lernen können. Dies tut die Geschichtenerzählerin Uschi Erlewein, wenn sie auf ihren vielfältigen Reisen auf andere Menschen trifft und deren Denkweisen und Traditionen als Geschichten sammelt und diese in anregenden öffentlichen und privaten Auftritten erzählt. Ihre berufliche Beziehung für kurze Zeit sind zunächst ihre Zuhörer. Was sie mit ihren Geschichten hinterlässt, wirkt bei Manchen noch lange nach – Bindung entsteht unbewusst oder bewusst. Lesen Sie hierzu das Interview in Abschn. 7.4.

7.5 Tipps für den selbstkompetenten agilen Beziehungshelden

Beziehungspflege III

- **Entscheiden Sie,** wie wichtig oder unwichtig Ihnen die jeweilige Beziehung ist. Gilt sie dem Menschen oder dem Geschäftspartner?
- **Eine natürliche Körperhaltung, Mimik und Gestik** unterstreichen Ihre Intension.
- **Haltung annehmen.** Humorvoll, locker, wohlwollend, das hilft vor allem Ihnen selbst.
- **Tragen Sie aktiv zu einer guten Stimmung bei.** Lachen ist gesund; es beeinflusst Dopamin im meso-limbischen Belohnungssystem inkl. Amygdala (Mobbs et al. 2003).
- **Haben Sie Ihre Gefühle im Griff** – welche Stimmung möchten Sie verbreiten?
- **Reden sie locker** und vergessen Sie dabei nie, dass Sie Ihren ICH-Pitch© repräsentieren.
- **Vermeiden Sie Spielchen.** (Berne 1964)
- **Respektieren Sie andere,** indem Sie Ihr Handy während eines Gesprächs auf „mute" stellen. – Niemand ist so wichtig wie derjenige, dem Sie im Moment gegenüber sitzen.

Beziehungspflege IV

- **Informieren Sie** Ihre Mitarbeiter über Ihre Werte und Ihren Führungsstil.
- **Seien Sie so transparent** wie möglich und nötig.
- **Klären Sie Aspekte und Erwartungen** an die gegenseitige Professionalität.
- **Erkennen Sie ein lauerndes „Dramadreieck",** bevor Sie sich darin verstricken. (Berne 1964)
- **Definieren Sie,** worüber Sie und das Gegenüber gemeinsam reden. Eine Agenda, zumindest eine gegenseitig aufgestellte Themen-Checkliste, ist für das gegenseitige Verständnis unerlässlich, insbesondere für internationale Telefonate oder Video Calls.
- **Organisieren Sie gemeinsame „Retreats"** für vordringlich virtuell arbeitende Teams. Das Unternehmensleitbild ist dabei immer präsent. Teams erarbeiten gemeinsam ihre Arbeitskultur.
- **Erstellen Sie immer eine Agenda für Videokonferenzen** mit Beginn- und Endritualen, in denen alle Teilnehmer jeweils ein persönliches Statement abgeben.
- **Veranstalten Sie Video-Lunches oder Kaffeeklatsch,** in denen es nur um persönliche Teilnehmerthemen statt um berufliche Themen geht.
- **Gruppen-Chats** eignen sich gut für regelmäßigen Kontakt. Hier sollten einige feste Regeln für alle gelten, welche von der Gruppe festgelegt werden.
- **Führen Sie regelmäßige Mitarbeiterfeedbackgespräche mit herausragendem Titel.** Ich nenne sie „Helikopter 2020". Sie sind ausschließlich dafür da, Stimmung und Gedanken vonseiten des Mitarbeiters zu hören. Pro Mitarbeiter sollten sie je Quartal stattfinden.
- **Führungsstil mit „Helikopter-2020-Gesprächen".** Informieren Sie Ihre Mitarbeiter über den werteorientierten Sinn und Ablauf, bevor Sie damit beginnen. Der Mitarbeiter muss erkennen, dass Sie ihn ausschließlich dazu treffen, um seine Ideen, Vorschläge, Lob oder Kritikpunkte zu hören. Der Vorgesetzte nimmt das Thema mit und kommt zu gegebener Zeit verlässlich auf den Mitarbeiter zurück.
- **Nehmen Sie sich zehn wertgefüllte Minuten.** „Helikopter-2020-Gespräche" sind kurz. Führen Sie sie telefonisch oder Face–to–Face, keinesfalls via E-Mail. Der Mitarbeiter macht sich im Vorfeld ernsthaft zu seinen Punkten Gedanken, priorisiert nach Dinglichkeit. Daraufhin begründet und artikuliert er seine Punkte klar und deutlich in jeweils circa zwei Minuten, zum Beispiel „Teamstrategie", „Kundenkommunikation", „Pausenregelung", etc.
- **Sagen Sie Danke** für den „Helikopter-2020-Gedanken" des Mitarbeiters und dessen mit seinem Anliegen gezeigte Identifikation mit dem Arbeitgeber. Innerhalb eines gewählten und kommunizierten Zeitfensters kommen sie auf den Mitarbeiter verlässlich zurück.
- **Pflegen Sie sensitive Kontakte.** Reagieren Sie auf E-Mail und WhatsApp. Wenn Ihre Firma absichtlich auf Gelesen-Nachrichten im E-Mail-System verzichtet, reagieren Sie jederzeit. Selbstverständlich haben Sie dies zu Beginn des neuen Businesskontaktes schon im Laufe der Klärung Ihrer gegenseitigen Erwartungen besprochen.

7.6   Sich selbst vertrauen – Interview mit der Künstlerin und Geschichtenerzählerin Uschi Erlewein

Liebe Uschi, wir kennen uns seit den letzten Jahren vor unserem Abitur. Damals schauten wir durch die Teenagerbrille auf unsere Umgebung und die Welt. Ich darf sagen, dass Beziehung und Bindung damals ein anderes Qualitätsverständnis für uns hatten als heute. Als freischaffende Künstlerin und vor allem als Geschichtenerzählerin kreierst du Figuren, die nicht immer sympathisch sind. Du beschäftigst dich intensiv mit dem Darstellen und Verstehen von Beziehungen zwischen den Menschen und von Menschen mit der Natur. Als Bloggerin berichtest du über andere Kulturen. Außerdem zeigst du Lernenden, wie man Geschichten schreibt.

Wie siehst du deine Beziehung zum Leben?
„Ich lebe jetzt. Wenn ich unglücklich bin bei der Arbeit, sollte ich etwas ändern. Jeder Mensch bringt ein Lebensthema in seine Existenz. Künstlerisches Schaffen ist für mich kein „Calling" von außen, sondern mir ins Leben gegeben. Es ist ein Geschenk. Indem ich meine Gabe entfalte, kann ich es an das Leben und die Welt zurückgeben. Leben ist mehr als Materie. Leben ist, was die Materie lebendig macht. Diese Suche interessiert und beschäftigt mich seit meinen Kindertagen. Neugierig die Ausstrahlung und Strahlkraft entdecken und das Spirituelle darin."

Dein berufliches Tun hat mit vielfältigsten ethnischen Kulturen zu tun. Wie siehst du deine Beziehung zu Menschen?
„Druck und Verpflichtung, sich zu treffen, kann ich nicht ertragen. Intensiv sind meine Treffen mit Menschen, die ich lange nicht gesehen habe. Wie ein Geschenk ist dann die gemeinsame Zeit. Man öffnet es und genießt.

Bei meiner künstlerischen Arbeit bin ich ganz intensiv mit Menschen zusammen. Dennoch ist Alleinsein für mich wichtig. Es bedeutet ja nicht einsam sein. Alleinsein ist wichtig, sonst kommt nichts zustande. Ich lebe eine introvertierte und extravertierte Seite. Ich sehe zu, höre zu und sammle. Meine Eindrücke fließen in die Arbeit ein und meine Sicht auf das Leben. Geschichten erzählen bringt mich höchst intensiv in Beziehung mit Menschen. Nähe entsteht. Daraus entwickelt sich eine Identifikation.

Meine Beziehung zu Menschen ist von Neugier geprägt. Angstfrei gehe ich auf Menschen zu, sie sind eine Bereicherung für mich, denn ich lerne

Konkretes über sie und über mich. Jeder Mensch ist für mich wie ein Kristall mit vielen bunten Facetten. Aus diesen schöpfe ich und entdecke so an mir Facetten, die ich neu lebe."

Du reist oft in abgelegene Gebiete auf dem Globus. Wie gelingt es dir, auf deinen Reisen mit so vielen unterschiedlichen Menschen Kontakte zu knüpfen?

„Für mich zählt zuerst die Begegnung von Mensch zu Mensch, die Menschen fühlen sich wahrgenommen und das ruft fast immer Gastfreundschaft und Neugier hervor. Der Mensch ist ganz selbstverständlich Teil von allem. Das Netzwerk ist realer als der Einzelne.

Meine Erfahrung und Übung als „Klinik-Clown" hilft mir, Kontakt aufzubauen. Durch mein Interesse am Menschen echot der andere zurück. Doch ich kann die Intensität der Beziehung steuern, wenn mir es zu viel wird. Zumeist ziehe ich mental die Schuhe des anderen an und gehe eine Weile auf seine Weise. Ich spüre mich in dessen Perspektive hinein, stelle mir vor, in der Situation des anderen zu sein. Damit überwinde ich Vorurteile."

Du sagst, du gehst auf Menschen mit Neugier zu. Wie gehst du mit denen um, die dir bei deinen Auftritten offen zeigen, dass sie dich nicht verstehen?

„Tatsächlich freue ich mich, wenn jemand bei meinem Auftritt nicht gleich mitgeht. Manchmal merke ich dies an seiner Körperhaltung. Ich bin mir jedoch auch nicht sicher, ob meine Wahrnehmung in diesem Augenblick stimmt. Ich bleibe dann weiter neugierig. Dabei lerne ich viel über mich. Ich suche den Dialog – den Augenkontakt – und ich lasse den, der mich nicht versteht. Flow spüren, meine Fähigkeit auf andere übertragen, daraus entsteht Wissen für mich, eine Art spirituelles Wissen. Durch mein künstlerisches Tun kann ich sehen und mein Kopf erhält Antworten, kann begreifen."

Wie hast du deine ICH-KULTUR gefunden?

„Dies sehe ich als eine Lebensaufgabe, es ist wie der Horizont, den man nicht erreicht. Es ist eine stetige Entwicklung. Verlockungen kommen im Leben von außen und brauchen immer wieder neue Entscheidungen. Das Bild einer spitzentanzenden Ballerina kommt mir. Wir müssen Balance halten, damit wir in unserer Mitte bleiben. Wenn die Richtung stimmt, zeigen sich Gelegenheiten und Mentoren. So zeigt mir das Leben den Weg. Mentoren haben mir auf bestimmten Lebensabschnitten wichtige Impulse gegeben. Das ICH hat einen Kern, das Innere weiß genau, wohin es möchte. Berufung kommt von außen.

Als Freischaffende bin ich es gewohnt, mich ständig neu auszurichten, kreativ zu sein. Zunächst empfand ich die „Unbeständigkeit" einer Selbstständigen als äußerst schwierig, dann entdeckte ich die Qualität darin. Ich zapfte die lebensbejahende Ressource in mir an und wurde mir über meine Facetten bewusst."

Wenn du einen Sinn verlieren würdest, welcher würde dir am meisten fehlen?

„Wohl die Augen. Würde ich nicht mehr sehen können, könnten andere Sinne an deren Stelle treten. Es ist die Ganzheit. Ich wäre gespannt und vertrauend auf meine Improvisationsgabe. Mein Leben lang habe ich gelernt, mich neu auszurichten. Ja, es braucht Kraft. Doch ich habe größte Bewunderung für Menschen, die mit den Füßen Geige spielen oder mit dem Mund malen."

In diesem Buch geht es um menschliche, berufliche Beziehungen. Was ist dein Wunsch für die digitale Zukunft?

„Ich wünsche mir, der Mensch würde nicht das Trennende, sondern das Verbindende sehen. Wir sollten uns von Mensch zu Mensch bewegen statt von Schublade zu Schublade. Die Zukunft braucht die kontinuierliche Bewegung in Richtung Mensch, statt auf etwas zu reagieren, von dem wir denken, es käme von außen."

Herzlichen Dank, liebe Uschi, für deine Zeit und die erfüllenden Gespräche während dieses Interviews. Es ist mir eine besondere Freude zu sehen, welche Wege wir seit unserer Schulzeit genommen haben. Auch ich habe meine innere Richtung nie verlassen, doch die Wege änderten sich aufgrund von Schicksalseinflüssen und Begegnungen.

Mein Ziel ist es, den Lesern zu zeigen, dass Beziehungen, die wir durch unsere beruflichen Tätigkeiten eingehen – egal wo auf der Welt –, eine Wirkung haben. Wir dürfen sie zulassen, indem wir, wie du sagst, das „menschliche Echo" hören, um daraus zu schöpfen. Immer geht es um den ganzen Menschen, seine Entwicklung des Inneren im Sinne der Aufdeckung seines Selbst. Unsere Rolle in einem System ist somit einzig eine Facette.

Die Website der Geschichtenerzählerin: www.ethnostories.de (Erlewein 2019).

Literatur

Avenarius C (2010) Starke und Schwache Beziehungen, Handbuch Netzwerk-forschung. Springer, S 99–111

Bauer J (2006) Prinzip Menschlichkeit: Warum wir von Natur aus kooperieren. Hoffmann und Campe, Hamburg

Bauer J (2016) Warum ich fühle, was du fühlst – Intuitive Kommunikation und das Geheimnis der Spiegelneurone. Wilhelm Heyne Verlag, München

Buckly C, Meyers SL (2020) China silenced doctors and focused on secrecy as Coronavirus first spread, New York Times, Feb 2, 2020 4:49am ET

Covey S, Merrill R (2006) Schnelligkeit durch Vertrauen – Die unterschätzte öko-nomische Macht. F. Covey – Gabal Management

Erlewein U (2019) Blogs https://ethnostories.de/reisen/. Zugegriffen: 11. März 2020,10.30

Fletcher CF (1952) Costs of administering reparation for work injuries in Illinois: a pilot study in comparing costs under different systems of reparation, applied to the Federal Employers' Liability Act, and the Illinois Workmen's Compensation Act, Urbana: College of Law, University of Illinois, USA

Malzacher J (2019) Mut in der Arbeitswelt durch ICH-KULTUR. Springer-Gabler, Wiesbaden

Mobbs D et al (2003) Humor modulates the Mesolimbic Reward Centers, Neuron Bd. 40, 1041-1048, Cell Press, Cambridge, Mass

8

Macht

Als Kinder beschäftigen wir unsere Spielkameraden manchmal mit Macht-spielen. Erwachsene Menschen mit außergewöhnlicher Machtprägung als Teil ihrer ICH-KULTUR®-Variablen streben oft um jeden Preis an, ihren herrschaftlichen Einfluss auf die Organisation zu sichern. Durchsetzungs-stärke und kraftvolle Härte zeigen manche durch direkte, nicht empathische Kommunikation. Skrupellose Methoden wie bei Dieselgate und der durch zehntausende von Unwahrheiten gebeutelten amerikanischen Regierung mit ihrem Präsidenten und seinen Mitläufern zeigen, wie Menschen sich von einmal geschätzten Werten abwenden und durch ihr Machtstreben Fakten ausblenden. Neuerdings findet selbst die deutsche Politik es nicht abwegig, aus Machtansprüchen mit einer vom Verfassungsschutz beobachteten Partei zu koalieren.

Hannah Arendt sagte, Macht würde erst durch das Miteinander-Handeln erzeugt und sei immer an eine Gruppe, nie an einen Einzelnen und ihren Fortbestand gebunden. Macht sei Selbstzweck und brauche keine Recht-fertigung. Ohne Macht könnte selbst Wohlgemeintes nicht durchgesetzt werden (Arendt 1990). Entscheiden Sie selbst, wie Sie zu Macht und den Mächtigen stehen und wie Sie durch Einflussnahme Ihre beruflichen und privaten Beziehungen aufbauen, pflegen und steuern.

© Springer Fachmedien Wiesbaden GmbH, ein Teil von Springer Nature 2020
J. Malzacher, *Berufliche Beziehungen gestalten mit ICH-KULTUR*,
https://doi.org/10.1007/978-3-658-29975-0_8

8.1   Gert Simons Freunde

„Ernst? – Nein, ernst ist es nicht", sagt Gert Simon beinahe lautlos vor sich hin und öffnet eine Bierflasche. Seine Lippen kräuseln sich. Seine Augen werden zu Schlitzen. Die beiden Schachfreunde blicken sich ausdruckslos an.

„Ah", sagt der eine.

„Hm", sagt der andere.

Gert Simon spürt ein Stechen in seiner Brust. Ama, die Kollegin aus der Abteilung zwei Stockwerke unter seiner, ist nett. Unehrlich ist sein Kuss – roh die Lust – nichtssagende Umarmungen gegen seine Einsamkeit. Ihre zeitweiligen Zusammentreffen geben seinem Leben eine anregende Note. Seine Männlichkeit erfährt Genugtuung.

„Was ist schon ernst?" Sein Kopf dreht sich weg und sein Blick geht hinüber zum Fensterbrett, wo Katze Lena wie versteinert aus dem Fenster schaut. Er springt auf, lässt sie ins Freie und schaut ihr nach. „Das ist alles rein platonisch."

Die beiden Schachfreunde blicken sich an und lachen. „Was heißt hier platonisch?" Der eine schöpft sich Linsen-Curry aus dem Fast-Food-Container. Der andere häuft Reis auf den Teller.

„Aber Gert, das bist nicht du ", sagt der eine.

„Ja, das passt nicht zu dir. Das sind Spielchen", sagt der andere.

Gert Simon fühlt einen Stich in seiner Brust. Erinnerung. Mit einem Ruck wendet er sich um. „Beenden wir das Thema!" Seine Stirn runzelt sich düster.

Verdammt, denkt er; er erinnert sich an seinen damaligen Groll, die schwere Enttäuschung, schmerzlich den fehlenden Abschluss. Immer weniger hatten seine Freundin und er damals miteinander gesprochen; sein Fokus galt der Arbeit. Überstunden und abends auf die Couch. Katze Lena musste vor die Tür, wenn die Freundin kam – Katzenhaarallergie. Es störte ihn, dass er die Katze aussperren musste. Andererseits verbot er der Freundin zu kommen, wenn Schachabend war. Das hatte sie still akzeptiert. Eines Schachabends hatte es an der Tür geklingelt. Wankend hatte er geöffnet und die Freundin mit halbgeöffneten Augen erstaunt angeblinzelt, ein Hallo gelallt. Katze Lena schleckte gerade den Belag der Pizzareste aus den auf der Couch gestapelten Schachteln des Lieferservice. Mehrere Bierflaschen lagen verstreut auf dem Boden. Drei Kurze hatte er mit seinen Freunden auf den Gewinner getrunken.

Die Schachfreunde schauten kurz auf und nahmen nicht weiter Notiz von dem Überraschungsbesuch. Die Freundin drehte sich einmal um sich selbst, atmete tief durch und verschwand wortlos. In dieser Verfassung hatte sie ihn nie zuvor gesehen. Seine Freunde kannte sie nicht, hatte kein Interesse gezeigt, sie kennenzulernen. Nie sprach er danach jemals über dieses Geschehnis. Er selbst hatte gehofft, die Freundin würde ihn nicht darauf ansprechen. Sie tat es nicht.

Gegenüber den Freunden hatte er getan, als wäre dieser Besuch nie geschehen. Irgendwann hatte er den Vorfall vergessen. Drei Monate später verschwand sie aus seinem Leben. Seine Anrufe gingen ins Leere. Vor einem Jahr suchte er den Kontakt zu ihr erneut. Beinahe drei Jahre sind nun seit der Trennung vergangen. Noch immer fuchst ihn die ungeklärte Situation. Er kann nicht verstehen, warum sie diese Beziehung so mir-nichts-dir-nichts aufkündigte. War es der Teil seines Lebensstils, den sie damals nicht kannte? War es die fehlende Gemeinsamkeit? Hatte sie sich ganz einfach in jemand anderen verliebt? Er hatte es wissen wollen. „Heute könnte ich sie treffen", murmelt er vor sich hin.

„Meinst du deine Ex? Was bringt es dir, wenn du sie triffst?" Der Schachfreund steht jetzt direkt hinter ihm. Der andere kommt herüber und nimmt ihn beim Ellbogen. „Das reißt nur alte Wunden auf!"

„Komm, wir trösten dich. Trink einen, dann geht es dir besser!"

„Vergiss sie einfach! Sie ist es nicht wert!", bestätigt der andere.

„Wie kannst du nur so etwas sagen?" Stampfend steckt Gert Simon seine Hände in die Hosentaschen. „Sie war gut – für mich – damals! Ich habe sie nicht gut behandelt!" Er nimmt sich ein Bier. Alle drei setzen sich auf das Sofa.

„Wirklich? Also Gert, du hast doch alles getan, was sie wollte. Du warst ihr Schoßhündchen!", sagt der eine.

„Klar, sie managte dich", sagt der andere. „Du hattest keine Meinung, warst froh, nichts entscheiden zu müssen. Das tat sie in den fünf Jahren für dich."

„Wenn man es richtig betrachtet, hatte sie die Kontrolle über dich", fügt der andere hinzu. „Als sie dich nicht mehr gebrauchen konnte, gab sie dir den Laufpass, so wie es dein Chef ebenfalls mit dir gemacht hat. Sie war dein Beziehungsmanager, rational betrachtet."

„Das war doch keine Liebe!", postuliert der eine.

„Ganz klar. Das war keine Liebe. Sie war Chef. Ein Chef muss uns nicht lieben!", bestätigt der andere.

„Was sagt ihr da?", ruft Gert Simon entsetzt. „Man kann den Chef doch nicht mit der Freundin vergleichen!"

„Nein, das sollte man nicht können!", sagt der eine.

Der andere hebt seine Augenbrauen und wendet sich Gert Simon zu. „Nein, Liebe und Zuneigung sind nicht dasselbe, richtig? Der Chef sollte zugeneigt sein, er muss uns aber nicht lieben."

Gert Simon beginnt, sich unwohl zu fühlen. „Das ist mir zu schwierig! Lasst uns Schluss machen für heute."

Seine Freunde blicken sich vielsagend an.

„So ist das mit dir", sagt der eine.

„Ja, genauso ist es mit dir", echot der andere.

„*Was ist genauso?*" *Gert Simon steht auf und stapelt die leeren Pappschachteln ineinander. Die Freunde sammeln die Bierflaschen ein.*

„*Na, immer wenn es schwierig wird, weichst du aus, beendest du das Gespräch*", *sagt der eine.*

„*Ja, du bist feige, mein Freund*", *bestätigt der andere.*

Gert Simon dreht sich energisch um. „*Hört, hört!*"

Der Freund stellt sich direkt vor ihn. „*Wir wissen das und mögen dich dennoch, weil wir dich schon lange kennen.*"

„*Schau mal in den Spiegel. Steht dort ein Beziehungsheld oder ein Feigling?*"

„*Uhuh!*", *ruft Gert Simon.* „*Woher hast du das denn?*"

„*Das verrate ich dir beim nächsten Schachabend.*"

„*Ja, lass uns gehen*", *meint der andere, während er seine Schuhe anzieht.*

„*Gert kann noch ein bisschen ohne uns nachdenken*", *sagt der eine.* „*Er hat ja Mine. Sie bringt ihn auf Spur.*"

„*Ha ha, wie seine Mutter!*", *lacht der andere und umarmt Gert Simon.*

Die Tür fällt ins Schloss. Gert Simon fühlt, wie sein Herz stolpert.

Brauche ich eine Mutter?, fragt er sich. Die Freundin war nicht wie seine Mutter. Ist Mine wie eine Mutter für ihn? Hitze steigt ihm ins Gesicht. Er bleibt wie erstarrt vor der geschlossenen Tür stehen.

Mine, denkt er, hat etwas Mütterliches. Na und, was ist schlecht daran? Sie ist gütig, hört zu, macht ihm keine Vorwürfe, hat Humor. Das findet er schön. Ihre lockere Wesensart gefällt ihm. Mine ist unabhängig. Sie drängt oder schiebt nicht, sie lässt ihn sein, wie er ist. In ihrer Gegenwart fühlt er sich wohl. Seine Mutter war fordernd, kritisierend, tonangebend. Sie sagte ihm, was richtig und falsch war. Bei ihr fühlte er sich immer wie ein kleiner Junge. Widerworte brachte er nicht über die Lippen. Er wusste, dass sie das nicht ertragen konnte. Sie war Chef bis zuletzt. Und die Freundin? Wie seine Mutter hatte sie ihn dirigiert. Er hatte es zugelassen und wurde inaktiv. Gleichzeitig wurde sein Leben gleichförmig und trist. Gewohnheiten fanden sich ein, regelmäßige Termine wurden nach der Uhr abgehandelt. Er fand das damals in Ordnung. Heute kann er sich dies nicht mehr für sich vorstellen. Er möchte nicht, dass ihm jemand sagt, was er zu tun hat. Er ist kein kleiner unerfahrener Junge mehr. Er möchte sein Leben selbst bestimmen.

Er dreht sich um, geht hinüber zum Xylophon. In Gedanken streicht er sanft über die glatten Holzstäbe. „*Spielen*", *sagt er tonlos,* „*was und wann es mir gefällt.*" *Plötzlich erinnert er sich an seine frühere Arbeitsstelle und den Chef. Damals war er froh, wenn der Chef nicht da war. Zumeist wollte er in Ruhe gelassen werden. Er wollte seinen Job gut machen, ohne eine inkompetente Einmischung von außen. Damals war er sicher, dass er alles richtig machte. Er war der Experte. Sein Chef zeigte wenig Interesse an Fachlichem. Er, Gert Simon, war es, der alle Vorgänge erklären konnte. Wie Schuppen von den Augen fällt ihm nun, warum man ihn gekündigt hatte. Man brauchte ihn nicht mehr. Es waren nicht die Fehler, die ihm vorgeworfen wurden. Es war nicht hauptsächlich seine schlechte Teamführung. Er erkennt, dass es sein Expertenwissen war, das er für sich immer tiefer entwickelt hatte, bis es die anderen nicht mehr verstehen konnten. In seiner Organisation konnte man mit seinem Wissen zu der damaligen Zeit nicht umgehen. War der fehlende Weitblick schuld oder war es schlicht Überforderung? Er war aussortiert worden, weil er nicht rechtzeitig erkannte, dass er sich in eine Richtung entwickelte, die die Firma nicht wollte. Sein Tunnelblick musste übermächtig gewesen sein.*

Gert Simons Herz pocht bis zum Hals. Er lässt sich auf sein Sofa fallen, starrt vor sich hin. War es wirklich so? War er selbst tatsächlich der Grund seiner Kündigung? Bis vor kurzem hatte er die Schuld seinem Chef und dem Chef-Chef gegeben. Jetzt wird ihm klar, dass beide Seiten einfach nicht mehr zusammenpassten. Er selbst hatte dies nie in Erwägung gezogen, nie jemals mit irgendjemandem über seine Arbeit gesprochen, war im eingefahrenen Trott geblieben. Andere Blickwinkel hatte er nicht einnehmen müssen. Keiner wies ihn darauf hin. War er damals blind?

Gert Simon schnaubt, steht auf, geht hinüber zum Fenster, inhaliert die warme Frühsommerluft und schaut in die Ferne. Weitsicht, überlegt er, die hatte er damals nicht. Warum auch? Niemand hatte diese von ihm verlangt. Er hatte sich sicher gefühlt in seiner Abteilung, seinem beruflichen Zuhause.

„Das ist jetzt anders", hört er sich sagen. „Jetzt bestimme ich, wohin die Reise geht!" Damit steht er auf, klopft mit den Handflächen auf das Fensterbrett. „Ich bestimme mein Leben, nicht andere!" In diesem Augenblick springt Katze Lena miauend neben ihn. „So wie du möchte ich sein, unabhängig und doch zugewandt." Er streichelt kraftvoll über ihr weiches Fell, ein letzter tiefer Atemzug, dann schließt er das Fenster. „So, nun machen wir Musik!"

8.2   Die Macht des Ungewohnten

„Wissen Sie, am meisten irritiert mich, dass dieser Mensch sich so anders verhält als die meisten Männer, die ich kenne." Mine rutscht auf ihrem Stuhl nach vorne und schaut den Coach fragend an.

„Wen meinen Sie?"

„Na, der, der mir die Firma abgeschwätzt hat, mein Chef! Ich weiß gar nicht, welches Verhältnis ich zu ihm aufbauen soll."

„Darf ich fragen wie Sie Ihre Irritation erleben? Was geht in Ihnen vor, wenn Sie ihn treffen?"

„Er ist nun mein Chef, das ist schon schwierig für mich. Immerhin war ich zuvor die alleinige Chefin. Er ist immer so freundlich, so zuvorkommend, das macht mich unsicher."

„Mag sein, dass er erst ihr Vertrauen gewinnen muss. Mich interessiert jedoch Ihre Gefühlssituation. Gibt es beispielsweise Situationen, in denen Sie sich in seiner Anwesenheit fürchten?"

„Nein, im Gegenteil, aber ich bin irritiert. Sicher, ich kenne niemanden, der sich mir gegenüber bisher auf diese Weise höflich benommen hat; mir das Gefühl vermittelte, dass ich ein Mensch bin und nicht nur Chefin. Meine Kunden sind immer neutral, sachlich, kein persönliches Wort. Meine Mitarbeiter ebenso."

„Hm."

„Mir fällt eben auf, dass mich die Menschen zumeist in meiner Rolle als Chefin sehen, gar nicht mal als Frau oder einfach als Mensch."

„Aha." Der Coach steht auf und zeigt zur Terrassentür. *„Erinnern Sie sich an Ihre erste Sitzung hier? – Sie standen da draußen im Garten und lauschten den Vögeln."*

„Ja. Und?" Abrupt steht Mine auf und geht hinüber zur Terrassentür.

Der Coach geht ihr nach. *„Haben Sie damals in ihrer geschäftlichen Rolle gelauscht oder als Mensch?"*

Sie starrt in den blühenden Garten. *„Ich lauschte damals als verzweifelter Mensch, weil mich mein Mann so schlecht behandelte. Ich konnte mich nicht mehr leiden, wusste nicht mehr, wer ich war."*

„Und nun kennen Sie sich viel besser, stimmt's?"

„Ja, ich bin nicht mehr Eheesklavin eines rüpelhaften Mannes."

„Ohoh, welche Rolle haben Sie – privat – nun?"

Mines Stimme klingt trotzig. *„Weiß ich nicht!".*

„Wie wäre es damit: Sie sind zuerst Mensch und dann Freundin? – Sagen wir, eine menschenliebende Freundin? – Ich denke da an Ihren Freund Gert Simon. Ist dieser nicht immer nur Mensch für sie gewesen und Sie für ihn?"

Mines Hände legen sich auf ihre Brust. Sie atmet durch. Ihr Gesicht erhellt sich. *„Ja, sicher! Sie haben Recht. Gert ist ein echter Freund geworden, der mich nur als Mensch sieht und ich ihn. Geschäftliche Rollen sind für uns nicht wichtig."* Mine dreht sich lächelnd zum Coach. *„Wir unterstützen uns mit …, ja womit? Ich würde sagen mit Zuwendung, Zuhören – und Toleranz."* Ein Seufzer. *„Wir akzeptieren uns wie wir sind. Wissen Sie, diese Bekanntschaft gibt uns beiden gleichermaßen Freude und Wärme. Ohne jeden Zweifel sind wir Freunde!"*

„So soll es sein. Menschen brauchen andere Menschen, die ihnen Sicherheit geben durch Interesse und Verstehenwollen – eine Art Zuhausegefühl im Inneren.

Berufliche oder geschäftliche Rollen haben bei einer aufrichtigen Freundschaft jedenfalls keine Bedeutung."

Schweigend gehen beide zu ihren Stühlen. Mine schaut hinunter auf den Teppich mit den feinen Mustern und dann hinüber zur Terrassentür. Sie lächelt vor sich hin. Der Coach schenkt Wasser in die Gläser, lehnt sich zurück und wartet einen Augenblick. „Wie würden Sie nun Ihren Chef und sein Verhalten einordnen? Und, eventuell auch ihre virtuellen Kontakte?"

„Oh. Darüber muss ich nun nachdenken. Können wir das nächstes Mal besprechen?"

„Ja, gerne."

Mine nimmt einen großen Schluck Wasser, lehnt sich bequem zurück.

„Danke!"

Der Coach geht zum Schreibtisch. „Hier gebe ich Ihnen ein Informationsblatt zur „Innern Gegenseite" mit. Wenn Sie möchten, üben Sie Selbstrespekt in den nächsten Wochen, bis wir uns wiedersehen. Dies passt auch zum Thema neuer Chef."

„Danke vielmals – für alles!" Mine drückt ihm fest die Hand.

„Danke für Ihr Vertrauen und auf Wiedersehen."

8.3 Selbstrespekt – die machtvolle Folge von Selbstwert

Wie Mine geht es so manchen. Es fällt uns schwer, Klarheit über die Qualität unserer vielen beruflichen und privaten Kontakte zu gewinnen. Dabei hat Selbstrespekt mit der Qualität unserer Beziehungen zu tun und wie wir mit ihnen umgehen. Mines Beziehung zum Chef ist ambivalent (vgl. Abschn. 2.2). Selbstrespekt hilft, negativen Stress abzuwehren und mental resilient, also widerstandsfähig zu werden.

Menschliche Beziehungen, deren Aufbau und Pflege werden wissenschaftlich untersucht. „Networking" im beruflichen Bereich gilt laut Forschung als Beziehungspflege nur einem Ziel, nämlich dem eigenen beruflichen Vorteil (Wolff und Kim 2012). Ob dies wirklich so ist, ist zu bezweifeln. Gleichzeitig darf man durch den Einfluss der Persönlichkeit (BIG FIVE) auf das individuelle Networking-Verhalten annehmen, dass Extravertierten der Aufbau von Beziehungen leichter fällt als überwiegend Introvertierten. Dass ähnliche Persönlichkeiten leichter zusammenfinden und sich verbinden haben Psychologen ebenfalls beweisen können. (Wrzus 2008). Darüber hinaus spielen, wie durch die Variablen der ICH-KULTUR®

dargestellt, auch Sozialstile eine Rolle beim Beziehungsaufbau und der Pflege von beruflichen Beziehungen. Ein introvertierter Mensch kann sich durchaus sehr expressiv ausdrücken und ein beziehungsorientierter Mensch hoch analytisch. Wie diese, teils erlernten, Kulturvariablen sich auf unseren Beziehungsaufbau und unsere Beziehungspflege auswirken, ist erwiesenermaßen von Umgebungsfaktoren und nicht zuletzt von der Beziehungsqualität abhängig (Merril und Reid 1981).

Aus forschender Neugier nahm ich die mir angebotene Rolle als verantwortungsvoller „XING-Ambassador" an. Heute organisiere ich physische Treffen der großen Work-Life-Sense-Gruppe, überwache und kommentiere Werte- und Informationsverhalten der Autoren virtueller Posts. Hierbei nehme ich bestimmte Aspekte unter die Lupe: Kommunikationsqualität, die Häufigkeit der Aktivitäten in der virtuellen Gruppe sowie Mut der Autoren, sich selbst und ihre Ideen einem Publikum zu zeigen. So entstand meine Annahme, dass Menschen eine Art emotionale Selbstbefriedigung durch ihre Posts empfinden müssen. Mir scheint das Streben nach Zugehörigkeit größer als die Expertenrolle. Natürlich brauchte es hier mehr empirische Forschung, die mir jedoch schwer durchführbar scheint, spielen psychologische Einzigartigkeit und der Grad der Bedürfnisorientierung in Probanden doch eine große Rolle. Zudem spielen persönlich erlernte Kulturvariablen, wie in ICH-KULTUR® beschrieben, eine wesentliche Rolle in der Beziehungsgestaltung. Daher sind physische Treffen ein bedeutender Zugewinn für virtuelles Networking. Bei solchen Treffen gebe ich als XING-Ambassador bewusst 60 % der Zeit für das Weitergeben und Lernen von Kommunikationstools an meist als DIALOG nach David Bohm (Bohm, Nichol 1998). Der Rest gilt dem freien Networking. Würde eine Teilnahme an solchen Networking-Treffen Mine zu einem sichereren Auftritt verhelfen? Hin und wieder stolpert sie über ihre unreflektierten Wahrnehmungsmuster und ihr unsicheres Verhalten. Dabei leidet ihr ohnehin schon niedriger Selbstwert. Gegenüber ihren Chefs fühlt sie sich klein und unbedeutend statt auf Augenhöhe.

Merke: Selbstrespekt ist die machtvolle Folge eines gesunden Selbstwerts.

Mines IPC®-Coach gibt Denkanstöße in einem sicheren Rahmen. Vor drei Jahren erhielt ihre Persönlichkeitsbildung einen Schub, nachdem sie sich für diese bedarfsorientierte professionelle Begleitung entschloss. Auch von Supervision profitieren immer mehr Menschen im Privaten. Mine musste sich dringend mit ihren Unsicherheiten als Person und Führungskraft auseinandersetzen. Wer sich von seinem Vorgesetzten oder Firmenchef irritiert fühlt, sollte nachforschen, welchen eigenen Anteil er daran hat. Stresspotenzial und Krankheitstage steigen mit solchen Dissonanzen.

Betriebliche Stimmung ist immer in Gefahr zu kippen. Dringend sollte Mine ihre Beziehung zum Chef überdenken und entsprechend angemessen strategisch handeln, statt alles einfach laufen zu lassen. Von ihrem IPC®-Consultant erhält sie eine hilfreiche Übung. Sie übt ihre „Innere Gegenseite", eine Weiterführung des Emotional Care Concepts© als System für den Umgang mit negativen Gefühlen, Reflexion und zur Stärkung des Selbstrespekts. Ein Beispiel hierzu finden Sie im folgenden Abschnitt.

Hin und wieder fühlt sich Mine schuldig wegen des fehlenden Vertrauens gegenüber ihrem Chef. Ihre „Innere Gegenseite" hieße hier Vergebung. Sie darf sich demnach selbst für das fehlende Vertrauen vergeben, statt Ärger und Ängsten Raum zu geben. Gütig mit sich selbst betrachtet sie jenes Gefühl, welches zu Misstrauen führte. Erinnern wir uns, Mine sozialisierte sich in einer autoritären Familienumgebung. Beruflich war sie in einer ebensolchen zur Leitung aufgestiegen. Sie hatte einen Ehepartner gewählt, der es gewohnt war, sich durch hartes, autoritäres und häufig rüdes Verhalten durchzusetzen. Misstrauen hat immer mit irgendeiner Furcht zu tun. Nun überlegt Mine, wie sie in der Rolle einer mutigen Mitarbeiterin eine Strategie für den Umgang mit dem Chef entwickeln kann.

8.4 Übung

Mines Unsicherheit und ihr Schuldgefühl machen sie sorgenvoll und unruhig. Die „Innere Gegenseite" bezieht sich auf ihre Emotionen bezüglich des Verhaltens ihres Chefs. Ihre Innere Gegenseite betrachtet sie systemisch und systematisch (vlg. Abb. 8.1). Mit angeleiteter, häufiger Übung bekommt sie negative Emotionen in den Griff. Bei Networking-Veranstaltungen mit ihr völlig fremden Menschen könnte sie diese als Expositionsübung einsetzen.

8.5 Vertrauen braucht keine Macht, aber kraftvolle Kommunikation

„Woher hast du dieses komplizierte System?" Gert Simon beugt sich nach vorne und dreht sich zu Mine. Er grinst sie an. „Irgendwie kommt mir das mit der Inneren Gegenseite bekannt vor."

Mine lächelt. „Na klar, du kennst doch den Gefühlskompass – das ECC©!"
„Ja, und?"

Die Innere Gegenseite - Emotional Care Concept©

Meine Rolle im Micro-System	Mutlose Produktionsleiterin
Emotion zur betreffenden Person in Anwesenheit	Unsicherheit, Furcht
Emotion zur betreffenden Person in Abwesenheit	Schuld wegen Misstrauen
Emotion situationsbezogen - **Schuld** ➡ - **Furcht** ➡	Entsprechende Innere Gegenseite Trost, Sicherheit, Vergebung Zügelung, Sanftmut
Äußerer oder innerer Konflikt	Konfusion wegen des ungewohnt höflichen Verhaltens des Chefs
Meine Grundwerte **Meine Glaubenssätze**	Erfolg krönt fleißige und harte Arbeit, perfekte Leistung, Begonnenes zu ende bringen.

Abb. 8.1 Anwendungsbeispiel Mines Innere Gegenseite

„Na, diese Innere Gegenseite ist eine Fortführung, sagt mein Coach!"
„Das ist alles so komplex! Aufwändig!" Gert Simon schaut sie fragend an.
„Schon, aber es hilft, wenn man verwirrt ist. Mir hat es geholfen, privat und für den Beruf. Wer ein niedriges Selbstwertgefühl hat, dem fehlt auch der Selbstrespekt."
„Okay, na, so weit bin ich noch nicht."
„Aha." Mine lehnt sich zurück. „Wie ist eigentlich dein Treffen gegangen?"
„Welches Treffen?" Beide lachen. Mine legt ihre Hand auf seinen Arm.
„Na ja, ich habe es im letzten Augenblick abgesagt."
Mine lehnt sich erstaunt zu Gert Simon. „Was? Du hast es abgesagt, ich denke es war für dich ein so wichtiger Schlusspunkt?"
„Ich konnte sie nicht treffen, es ist vorbei. Ich brauche keine Klärung mehr."
„Gert?!"
Gert Simon schaut an seiner blauen Jeans hinunter auf seine Sneakers. Dann reckt er seine Arme weit in die Höhe. Ein froher Seufzer. „Ja, es wurde mir plötzlich klar, dass ich über diese Beziehung hinweg bin. Ich habe sie endlich

innerlich beendet. Sie war schon lange abgelaufen, aber ich wollte an Altem fest-halten. Die Verbindung war ja von ihr gekappt worden. Als ich endlich in mich ging, erkannte ich, dass ich keine wirkliche Bindung gefühlt hatte. Inzwischen hat mein Leben Wendungen genommen, die mich erkennen ließen, dass dies schlicht ein Lebensabschnitt war. Ich fühle mich heute viel lebendiger. Das Alte ist Vergangenheit. Alles ist nun irgendwie besser."

Mine lehnt sich zurück, streicht mit ihren Händen rechts und links über die frisch gestrichenen Paneele der Parkbank. „Selbst unsere Parkbank fühlt sich nun anders an. Nichts bleibt beim Alten." Sie streckt ihr Gesicht in die leichte Brise, reckt ihre Arme ebenfalls in die Höhe und schaut in die vorbeiziehenden Wolken. „Alles geht vorbei", murmelt sie vor sich hin. „Wenn wir zurück-blicken, lernen wir, was uns zu einem bestimmten Zeitpunkt wichtig war."

„Schon wahr."

„Auch ich habe meine Vergangenheit hinter mir gelassen. So ist das mit der Vergangenheit. Sie ist nicht wiederholbar; vergangen ist vergangen. Erinnerungen bleiben, am besten nur die guten, aus den schlechten lernt man, was man für sich nicht mehr möchte. Jetzt ist jetzt und wird morgen Vergangen-heit sein."

„Hm."

„Meinen Bruder mit seinen Drogenproblemen vernachlässigte ich, weil ich mich von anderen negativ beeinflussen ließ. Ich ließ mich zu lange leiten, war nicht wirklich emotional erwachsen, würde mein Coach sagen. Heute habe ich wieder Kontakt zu meinem Bruder, sehe ihn regelmäßig und bin darüber sehr froh. Ich war einmal verheiratet, heute lebe ich getrennt. Das macht mich ruhig. Ich war einmal Unternehmenschefin, heute bin ich Angestellte. Welch Abstieg würden manche sagen, nicht?"

„Wenn man bedenkt, welche Veränderungen wir beide in drei Jahren durch-machten!"

„Ja, ich habe sehr lange gebraucht, Entscheidungen zu treffen, habe viel kost-bare Zeit vergehen lassen, weil ich Furcht vor negativen Konsequenzen hatte. Irgendwann hatte ich genügend Mut, mein Herz sprechen zu lassen, statt nur den Verstand."

„Mine, das waren nur drei Jahre. Ich finde das ist eine kurze Zeit, wenn man ein ganzes Leben dagegenstellt. Und – du warst für mich immer eine Person im Gleichgewicht."

„Na gut, nach außen erscheint dies wohl so. Innerlich fühlte ich mich oft an meinen Grenzen – gefühlsmäßig, weißt du."

„Und dein Chef, dieser Abluchser, wie du sagst?"

„Mein Chef ist eine eigenartige Kreatur."

„Warum eigenartig? Du magst ihn doch, oder?"

„Ja, schon, doch seine Art ist beinahe zu nett für einen Chef."

„Wieso, wie sollte ein Chef für dich denn sein?"

„Ich kenne nur Chefs, die sagen, was zu tun ist, denen der Mensch nicht wichtig ist. Ich war auch mal so – mich haben die Mitarbeiter oft genervt mit ihren persönlichen Problemen."

„Doch sie haben sie dir erzählt, nicht?"

„Ja, weil sie darüber reden wollten."

„Sie wollten mir dir darüber reden."

„Ja, Mami war ich für sie, sie luden ab bei mir, erzählten, sie hätten niemanden, mit dem sie darüber reden könnten."

„Na ja, du warst für sie eine vertrauenswürdige Person, oder?"

„Ja, ich war freundlich, aber innerlich stressten mich deren Probleme. Mein Coach würde sagen, ich konnte mich nicht abgrenzen."

„Abgrenzen?"

„Nun ja, distanzieren. Ich nahm die Probleme aus dem Betrieb und die meiner Mitarbeiter mit nach Hause, dort hatte ich aber selbst Probleme. Plötzlich war mir alles zu viel."

„OK, du hast die Probleme anderer zu deinen Problemen gemacht; das bedeutet, sich nicht abzugrenzen, nicht wahr?"

„Mag sein, mein Coach würde das so sagen. Ein Problem ist nur, wie einem dies praktisch gelingen kann, sich abzugrenzen, wenn dir die Leute wichtig sind und du eigentlich Nähe zu ihnen brauchst, um zu verstehen, warum sie Fehler machen. Verstehst du, was ich meine?"

„Na klar, auch ich habe mich nicht genügend als eigenständige Person gesehen. Meine Mutter war mir so wichtig, dass ich immer versuchte, ihr zu gefallen. Sie hat mir jedoch zumeist gesagt, wie ich sein sollte, damit sie mich mag."

„Gert, das ist ja schrecklich!" Mine lehnt sich vor und legt ihren Kopf in ihre Hände. „Das macht dich ja unfrei!"

„Ja."

„Ich merke gerade, dass ich das für meinen Mann auch immer tat. Ich wollte ihm gefallen und hatte zunehmend das Gefühl, ich bin nicht ich selbst."

„Du hattest also keinen Selbstrespekt, wenn ich deine Erklärung vorhin richtig verstanden habe."

„Mein Coach würde sagen, ich hätte meinen Wert unter den des Partners gestellt, sei ihm und seinen Wünschen artig gefolgt, hätte mich unterworfen. Wenn man das über eine lange Zeit tut, merkt man gar nicht mehr, dass man auch selbst ein wertvolles Individuum ist."

„Dasselbe passierte mir in meinem alten Job und bei meiner Freundin. Ich erkannte vor kurzem, dass ich beide gar nicht liebte. Ich agierte nur und wofür?"

„Anerkennung?"

„Darüber muss ich noch einmal intensiver nachdenken."

„Weißt du, für mich habe ich herausgefunden, dass ich irgendeinem Ideal folgte, das mir andere vorlebten. Es war nicht meines, es war nicht, was ich wirklich wollte – doch ich wusste nicht, was ich wirklich wollte."

„Weißt du das jetzt?"

Mine streckt ihre Arme weit in die Höhe, schaut in den blauen Himmel und die schnell vorbeiziehenden Wolken. Sie streicht ihre Haare aus dem Gesicht. Gert Simon streckt seine Beine aus. Seine nackten Füße stecken in dunkelblauen Sneakers. Er steht auf stellt sich mit ausgestreckter Hand direkt vor Mine.

„Komm, wir gehen ein Stück."

Mine steht auf, zieht die weiße Bluse mit den roten Mohnblumen über ihrer sandfarbenen Hose glatt und lächelt. „Gute Idee!" Beide Hände halten die Henkel ihrer roten Citytasche.

„Was ist nun mit deinem Chef?"

„Wie?"

„Hast du dich in ihn verliebt?"

„Nein." Mine merkt einen Stich in der Magengegend.

„Na, kennst du das nicht, wenn man irritiert ist? Ist doch ein Gefühl, oder? Die Frage ist nur, was dir dieses Gefühl sagen möchte."

„Ach was, ich verliebe mich nicht so leicht." Mine hängt sich bei Gert Simon ein. „Komm, wir gehen zum Brunnen."

So eingehängt schlendern sie heiter durch den weitläufigen Park. Ein wohliges Gefühl geht durch seinen Körper. Gert Simon inhaliert die warme Luft. „Jetzt beginnt etwas Neues." Damit neigt er den Kopf zu Mine.

Sie schaut lächelnd hinüber zum sprudelnden Vater-Rhein-Brunnen und tätschelt seinen Arm. „Ich kann es nicht erwarten."

8.6 Tipps für den selbstkompetenten agilen Beziehungshelden

Wer sich gegenwärtig in einer unangenehmen Situation (beruflich wie privat, und nicht lebensbedrohlich) befindet, nehme eine aufmerksame Haltung an. Achtsam vergegenwärtige er sich seine momentane Emotion und erkunde dieses Gefühl, statt es abwehren zu wollen. Wenn wir fliehen, nehmen wir die Emotion mit.

Beziehungspflege V

- **Üben Sie die „Innere Gegenseite".** Selbstkompetenz folgt Selbstrespekt.
- **Schweigen Sie, es sei denn, was Sie sagen möchten ist schöner als Stille.** Was gesagt ist, ist draußen und wirkt. Echte, aus unserem Inneren kommende Positionierung lässt uns ruhig bleiben und nicht aus der Fassung geraten. Entscheiden Sie sich für eine Haltung entsprechend DIALOG nach David Bohm, sollten sie diese üben. Aktives Zuhören will ebenfalls geübt sein.
- **Stoppen Sie Gedankenmonster in ihren Anfängen.** Hier hilft ein Ablenkungsmanöver. Des Nachts hilft der Appell an die Vernunft, wenn sie gerade ruht.
- **Kennen Sie Ihre Konfliktstile.** Sind Sie vornehmlich aufgeregter Ankläger, bittender Beschwichtiger, taktischer Ablenker, schnutig Sachlicher oder aber kongruent in sich selbst Ruhender, entsprechend Virginia Satirs Überlebensstrategien (Andreas 1994)?
- **Rachsucht rächt sich.** Wer negative Gedanken kultiviert, endet oft automatisch in einer allgemeinen Negativgestimmtheit.
- **Kommunizieren Sie kraftvoll statt aggressiv.** Üben Sie Gewaltfreie Kommunikation nach Marshall Rosenberg (Rosenberg 2012).
- **Zeigen Sie angemessen Machtanspruch mit Feingefühl.** Robert Greene erklärte in seinem Buch über „Power", wie Menschen mit Macht umgehen könnten (Greene 2002). Hier einige davon, mit Empfehlungscharakter von mir abgewandelt:
- **Leuchte nicht heller als dein Meister – erscheine nie als super-perfekt. Erkenne die Stressoren anderer. Beschütze deinen guten Ruf. Handlungen sprechen lauter als Worte. Behalte saubere Hände, damit du sie nicht in Unschuld waschen musst. Baue keine Mauern um dich – Isolation ist gefährlich. Sei ein Meister des richtigen Zeitpunkts. Denke, was du möchtest und bleibe locker. Vergiss nie die Herzen anderer. Sei ein verbindlicher Unterhalter.**
- **Zeigen Sie Nachsicht bei synthetischen Gesprächspartnern.** Verschwenden Sie keine Emotionen an digitale Helfer. Diese eignen sich bestens für effektive Übungen in Disziplin im Umgang mit Ungeduld und Frust.

8.7 Beziehungswende

Mine steht in der Mitte des Konferenzraumes ihrer Firma. Ihr Blick geht hinüber zum Fenster. Erinnerungen kommen auf an den Tag, als ihr heutiger Chef mit seinem Partner aus dem Auto stieg. Sie hatte nur ihn erwartet. Überrascht über zwei Personen und das Übernahmeangebot fühlte sie sich damals in ihrer Überwältigung wie gelähmt. Keinen klaren Gedanken hatte sie fassen können, tagelang. Heute grollt sie dem interessanten Herrn, ihrem jetzigen Chef, noch immer wegen dieses Überraschungseffekts.

Ihr Herz klopft. Sie geht hinüber zum Fenster und schaut auf die tänzelnden grünen Baumkronen. Endlich, nach einem Jahr konnte sie das Resumé-Gespräch mit beiden Chefs durchsetzen. Immer wieder hatte der für sie ohnehin nicht leicht zugängliche Verwaltungschef wegen Wichtigerem kurzfristig abgesagt. Als Produktionsleiterin fühlte sich nicht ernstgenommen. Wenn sie das Gefühl hat, nicht akzeptiert zu werden, fühlt sie dieses dumpf Einengende um ihren Oberkörper. Ein zentnerschweres Korsett schnürt ihr den Atem ab. Das Verhalten der Herren sei halt typisch für die Geschäftswelt, sagt ihr eine innere Stimme. Hauen und Stechen soll Normalität im Business sein, das hörte sie schon während ihrer Ausbildung. Warum eigentlich? Immer wieder fragt sie sich das. Sie merkt, wie sich dann ihre Stimmung trübt. Ohnmächtig fühlte sie sich früher wegen ihrer negativen Gefühle. Seit sie den Glückskompass kennt, versucht sie, ihr jeweils momentanes Gefühl zu erspüren. Auch jetzt. Schon gehen ihre Gedanken weg von der jetzigen Situation und ebenfalls weg vom Groll auf die Firmeninhaber. Gedankenverloren steht sie wie angewurzelt am Fenster.

Ein Seufzer. Klärung muss her. Gravierend wird die anstehende Entscheidung sein, das ahnt sie. „Do or die", murmelt sie. Sie hat sich genau überlegt, was sie den Herren sagen wird. Sie möchte spontan wirken in ihrem Auftritt und der Kommunikation ihrer Entscheidung. Ohne einen Überraschungseffekt wird alles so weitergehen wie gehabt. Die Führungsqualität des Gespanns hält sie ohnehin für inakzeptabel. Drei Monate möchte sie sich geben für ihre finale Entscheidung, danach noch drei Monate für die Kündigungsphase. Das wird sie trotz Vertrag aushandeln. Darauf werden die beiden eingehen, darüber ist sie sich sicher.

Sie geht zum Sideboard hinter sich. Damals hatte sie sich einen Cognac eingeschenkt, als die beiden nach dem Übernahmeangebot weg waren. Tiefer Seufzer! „Du meine Güte", hört sie sich rufen. Dann schaut sie auf die Uhr. Jeden Augenblick müssen die beiden kommen. „Mutig sein!", ermahnt sie sich. „Sei ein Profi! In drei Jahren zusammen mit dem Coach hast du dein Inneres bearbeitet. Du hast viel geschafft!" Sie atmet tief durch. „Sehen wir, was sie zu sagen haben."

Dann geht sie zum Konferenztisch. Welcher wird ihr Platz sein? Ihre Handtasche stellt sie auf den Platz an der Stirnseite. „Ich habe zum Meeting eingeladen." Damit legt sie beide Hände gekreuzt auf ihre Brust und verabschiedet mit einem bewussten Gedanken an die Mine vor einem Jahr. „Ich bin nicht mehr die ängstliche, die unsichere, überraschte Mine. Heute überrasche ich andere. Heute bin ich die, die ich zu dieser Zeit sein möchte. Die Vergangenheit ist vorbei, die Gegenwart ist jetzt und die Zukunft kommt erst noch."

Die Konferenzraumtür öffnet sich, Mine dreht sich um, der interessante Herr schließt die Tür hinter sich. Mine fasst mit beiden Händen die Lehne des Konferenzstuhls vor sich und bleibt regungslos stehen.

Nach zwei Stunden verlassen beide das Gebäude. Der interessante Herr steigt in sein Auto. Mine geht hinunter zum Flussufer.

„Er kam alleine!" *Überrascht über ihren lauten Ton räuspert sich Mine und beginnt von neuem.* „Wir hatten ein Dreiergespräch vereinbart, doch diese Herren hatten von Anfang an ein Zweiergespräch geplant, ohne mich zu informieren."

„Geht es um das geplante Resumé-Gespräch?", *fragt der Coach.*

„Es tut mir leid, ich bin wieder einmal zu aufgeregt." *Mine seufzt hörbar.*

„Nun also dieses Mal das Wichtigste zuerst. Was ist das Ergebnis des Meetings?"

„Oh, ja, hm, na ja...", *stammelt Mine.* „Na also, der Partner möchte ausscheiden und seinen Anteil in ein anderes Unternehmen investieren. Die Firma hängt nun ganz und gar in der Luft, wir brauchen einen Investor."

„Wir? Ich denke, Sie möchten ausscheiden?"

„Ja, eigentlich schon. Nun ist die Situation aber ganz anders. ... Total anders... Ich kann nicht klar denken."

„Möchten Sie einen Rat?"

„Ja, sicher, immer!"

„Wenn Sie im Moment nicht klar denken können, tun Sie das Folgende: Erstens: Fragen Sie sich nach Ihrem Gefühl. Zweitens: Fragen Sie sich nach Ihrer OKAY-Position gegenüber dem Geschäftspartner, entsprechend der Ihnen bekannten Transaktionsanalyse[1]. Drittens: Fragen Sie Ihre innere Verbündete, die Sie auch schon kennen[2]. Setzen Sie sie sich gegenüber auf einen leeren Stuhl. Fragen Sie sie, was sie Ihnen raten würde[3]. Das alles haben wir schon geübt. Nehmen Sie sich viel Zeit dafür. Sie bekommen Ihre Antwort aus Ihnen selbst. Wenn Sie innerlich wieder gefasst sind und ein Gespräch möchten, melden Sie sich gerne."

„Danke vielmals." *Mine atmet tief aus.* „Ich melde mich. Bis bald."

„Und nun?" *Gert Simon streicht sich durch seinen Haarschopf.* „Das ist ja ein Ding!"

Mine sitzt angespannt auf seinem Sofa, die Hände zwischen ihren Oberschenkeln eingeklemmt. Daneben leckt Katze Lena gründlich ihre Pfötchen.

---

[1] siehe Berne 1964.

[2] siehe Böschemeyer 2010.

[3] siehe Perls 1969.

„*Möchtest du einen Tee? Ich habe indischen Chai.*"

„*Ja, gerne, danke.*"

„*Was wirst du dem Coach erzählen?*"

„*Na, ja mein erster Gedanke war, die Firma zu retten. Dann sagte ich mir, er solle die Firma selbst aus dem Dreck ziehen, danach tat er mir leid.*"

„*Über wen redest du?*"

„*Na, über meinen Chef.*"

„*Ich wollte eigentlich wissen, was du dem Coach erzählen wirst. Die innere Verbündete, was riet sie dir?*"

„*Gert, du fragst wie der Coach!*" *Mine lacht und lehnt sich bequem zurück.*

„*Nun?*" *Gert Simon steht direkt vor ihr, schaut sie eindringlich mit hochgezogenen Brauen an, reicht ihr den Tee.*

Mine nimmt den Becher und schnuppert am Tee. „*Mm, riecht lecker!*"

Gert Simon stellt sich ans offene Fenster. Katze Lena springt auf das Fensterbrett und hinaus in den Garten.

„*Deine Innere Verbündete interessiert mich, weißt du.*"

„*Aha.*" *Mine lächelt vor sich hin.* „*Na, sie riet mir, mich mit dem interessanten Herrn zu treffen, außerhalb der Firma, weg von allem, was an Geschäftliches erinnert, irgendwo in der Natur, wo ich mich wohlfühle.*"

„*Und weiter?*"

„*Wie und weiter?*"

„*Wirst du ihrem Rat folgen?*"

„*Gert, ich bin noch immer unsicher. Die Aufgaben meines Coaches nehme ich schon ernst, doch ich hätte eigentlich gerne schneller, sozusagen sofort eine passende Lösung. Das langwierige In-mich-Gehen und Nachdenken ist anstrengend. Am liebsten möchte ich schlafen gehen und beim Aufwachen erkennen, dass diese neue Situation nur ein schlechter Traum ist.*"

„*Ja, das kann ich mir denken. Mir würde es auch so gehen. Ich hatte ja auch so eine ähnliche existenzielle Situation vor Jahren. Da traf ich dich, und über die Zeit wurdest ein wertvoller Anker für mich, auch, wenn wir uns nicht oft sahen.*"

„*Hm.*" *Mine schaut lächelnd hinüber zum Fenster, wo Gert Simon seinen Tee schlürft.*

„*Dafür bin ich dir für immer dankbar.*" *Er lächelt zurück.* „*Wie sieht deine Innere Verbündete eigentlich aus?*"

„*Oh, sie ist wunderschön, trägt ein langes weißes Gewand mit Trompetenärmeln. Um ihren Kopf tanzt goldig glitzernder Staub. Sie strahlt Wärme, Liebe und Güte aus, hat eine majestätische Haltung und geht langsam. Ruft man sie, ist sie sofort zur Stelle. Sie passt auf mich auf.*"

„Uii!" *Gert Simon stellt seinen Becher auf das Fensterbrett.* „So einen Verbündeten hätte ich auch gerne."

„Na, jeder hat so einen Verbündeten, man muss ihn nur finden. Mein Coach hat mir erklärt, wie das geht. Er selbst hat viele Ausbildungen gemacht. Die für die inneren Wertfiguren heißt Wertimagination[4]."

„Und weil dein Selbstvertrauen durch diese neue Geschäftssituation mal wieder ins Schwanken geriet, erinnerte er dich an diesen inneren Anker, oder?"

„Ja, so ist es." *Mine geht hinüber zu Gert Simon und schaut aus dem Fenster und zu Katze Lena auf der Astgabel.*

„So flink in Strategie, Aktion und Reaktion wie eine Katze müsste man sein. Stattdessen brauchen wir Menschen so viel Zeit zum Nachdenken, Abwägen, Voraussehen, Aufpassen und haben schließlich die meiste Zeit Angst, unsere Pläne oder die Beziehungen mit Menschen – ja unser Leben – könnte schief gehen."

Gert Simon nimmt einen tiefen Atemzug. „Wir benehmen uns oft nicht aufgrund unserer Selbstkenntnis in einer bestimmten Weise, sondern eher wie wir denken, dass uns andere gerne hätten. Das habe ich in den letzten Jahren erkannt."

„Und halten an einmal gemachten Plänen unerbittlich fest." *Mine schaut in die Ferne zu den Hügeln am Horizont.* „Ich denke, ich habe Spontaneität verlernt," *murmelt sie vor sich hin.*

Dann dreht sich ihr Kopf zu Gert Simon. „Ich habe mich und meine Lebensfreude eingeschränkt, ich selbst habe den größten Teil dazu beigetragen. Andere haben möglicherweise Impulse dazu gegeben, die ich ohne nachzudenken aufnahm und meinte, wenn ich für andere gut sei, sei das auch gut für mich."

Gert Simon legt seine Hand auf ihren Rücken. „Mine, diese Erkenntnis kenne ich. Und sie fühlte sich für mich damals sehr befreiend an."

„Ja schon." *Mine seufzt.* „Gut, dass man zu solchen Erkenntnissen finden kann."

„Ein Glück, nicht wahr? Auch wenn es sich hier und da wie eine schwere Geburt anfühlt."

„Oh ja!" *Mine lacht.* „Mein Coach sagt, sein Job sei eine Art mentaler Geburtshelfer. Sehr dankbar bin ich, dass ich ihn immer wieder konsultieren kann." *Sie dreht sich zu Gert Simon.* „Und dir danke ich auch." *Beide stehen eine Weile in inniger Umarmung.*

„Ich danke dir."

---

[4]siehe Böschemeyer 2010.

Literatur

Andreas S (1994) Virginia Satir. Muster ihres Zaubers. Junfermann, Paderborn

Arendt H (1990) Macht und Gewalt. Piper, München

Berne E (1964) Games people play. Penguin, USA

Böschemeyer U (2010) Du bist viel mehr. Ecowin, Salzburg

Bohm D (1998) Der Dialog. Das offene Gespräch am Ende der Diskussionen. Herausgegeben von Lee Nichol. Klett-Cotta, Stuttgart

Greene R (2002) The Concise 48 Laws of Power. Profile Books, London

Merrill DW, Reid RH (1981) Personal styles and effective performance. Chilton Book Co., Radnor

Moreno JL (1983) The Theatre of Spontaneity. Beacon House, Boston

Perls FS (1969) Ego, hunger and aggression – The beginning of gestalt therapy. Vintage Books, NY

Rosenberg MB (2012) Konflikte lösen durch Gewaltfreie Kommunikation. Herder, Freiburg

Wolff GH, Kim S (2012) The relationship between networking behaviors and the Big Five personality dimensions. Career Development International 17:43–66

Wrzus C (2008) Similarity in personal relationships: associations with relationship regulation between and within individuals. Humanwissenschaft Universität Potsdam

9

Nachwort

„Jenseits der Vorstellungen von Richtig und Falsch liegt ein Ort. Dort werde ich dich treffen.“ Rumi
(Chittick 1983)

Beziehungen zwischen Menschen sind – beruflich und privat – immer nur eins: eine Verbundenheit zwischen menschlichen Seelen, Herzen, eben Emotionen – und, wie wir heute wissen, den Spiegelneuronen. Der Unterschied im Business liegt jedoch in der individuellen Ernsthaftigkeit und Wahrhaftigkeit einer Verbindung.

Maulana Dschelaleddin Rumi war ein persischer Philosoph, Sufi-Mystiker und Dichter des Mittelalters (1207–1273). Er sah Liebe als die Hauptkraft des Universums; Liebe im Sinne von Zuneigung, Wertschätzung und Verbundenheit. Er gründete den Orden der tanzenden Derwische, den Mevlevi-Orden. Rhythmisches Tanzen, Sinngenuss und Singen bringen Selbstvergessenheit und Einssein mit dem Allmächtigen.

Menschen können wahrhaftige Beziehung mit anderen und mit ihrer inneren Stimme und Liebe niemals trennen. Als höchstes Ziel sehen Mevlevis es, leer zu werden von allem, was nicht dem Allmächtigen entspricht. Dessen Atem möge die Menschen durchströmen und ihre Seele zum Schwingen bringen.

„Da gibt es eine Stimme, die keine Worte benutzt. Höre ihr zu.“ Rumi
(Chittick 1983)

© Springer Fachmedien Wiesbaden GmbH, ein Teil von Springer Nature 2020
J. Malzacher, *Berufliche Beziehungen gestalten mit ICH-KULTUR,*
https://doi.org/10.1007/978-3-658-29975-0_9

Literatur

Chittick WC (1983) The Sufi path of Love. State University New York Press, Albany

Printed in the United States
By Bookmasters